Salka Schwarz

Stil

Der überzeugende Auftritt

Salka Schwarz

Stil

Der überzeugende Auftritt

NIKOL VERLAG

Die *Deutsche Nationalbibliothek* verzeichnet diese
Publikation in der *Deutschen Nationalbibliografie*;
detaillierte bibliografische Daten sind im Internet über
http://dnb.d-nb.de abrufbar.

—

Genehmigte Lizenzausgabe für
Nikol Verlagsgesellschaft mbH & Co. KG, 2016
© 2008 by DOM publishers
www.dom-publishers.com

—

—

Ilustrationen
Natascha Meuser, Berlin

—

Lektorat
Sybille Kalinka, Hamburg

—

Grafik, Layout
Rüdiger Fandler, Berlin

—

Umschlag
Jürgen Hetz, denksportler Grafikmanufaktur

—

Druck
Finidr s.r.o.
Printed in the Czech Republic

—

ISBN: 978-3-86820-317-2

—

www.nikol-verlag.de

«Leuten von gewissem Stande und einer
nicht ganz gemeinen Erziehung
ist das [was eine feine Erziehung verrät]
in der ersten Jugend schon eingeprägt worden;
nur erinnere ich, daß diese kleinen Dinge
in mancher Leute Augen keine kleinen Dinge
sind und daß oft unsre zeitliche Wohlfahrt
in solcher Leute Händen ist.»

{Freiherr von Knigge, Über den Umgang mit Menschen, S. 64-65}

... wusste bereits ein kluger Aristokrat im 18. Jahrhundert. Und längst ist vielen
Menschen erneut bewusst, wie wichtig die «kleinen Dinge» auch heute noch
sein können. Doch das allein ist nicht der Grund dafür, dass es in den vergangenen
zwanzig Jahren zu einer Renaissance der Höflichkeit in unserer Gesellschaft kam,
und es ist auch nicht das alleinige Motiv für mich, Ihnen mehr von diesen «kleinen Dinge» zu berichten. Meine eigentliche Absicht ist eine andere.

Dieses Buch ist ein geordnetes Sammelsurium von kleinen Texten rund um das
Thema «Stil – Der überzeugende Auftritt». Jeder Text gibt nicht nur Antwort auf
eine konkrete Benimm-Frage, sondern erhebt darüber hinaus den Anspruch, Ihnen als Leser etwas Neues, etwas Interessantes und Unterhaltsames zu bieten – mal
detaillierter und mal im Überblick. Einige Texte beschreiben darüber hinaus die
jeweiligen historischen Entstehungszusammenhange heutiger Umgangsformen.
Schließlich sind manche der heute teils schwer nachvollziehbar erscheinenden Etiketteregeln, die aus Traditionsbewusstsein und Respekt vor der Geschichte ihre
Gültigkeit behalten haben, nur mit einem Blick in die Vergangenheit zu erklären.

Oft haben die heute gültigen Regeln aber auch aus rein pragmatischen Gründen ihre Berechtigung, oder sie sind einfach logisch. Häufig treffen freilich mehrere dieser Gründe gleichzeitig zu. Manche der Texte wollen darüber hinaus sensibel machen für Themen, die zwar in engem Zusammenhang mit Etikette stehen und daher nicht vernachlässigt werden dürfen, die jedoch in dem hier gegebenen Rahmen gar nicht ausführlich beantwortet werden können und zu denen ein Spezialist noch viel mehr zu sagen weis.

Wie sehr die Etikette unser tägliches Miteinander in allen Lebensbereichen berührt, macht die hier zusammengestellte bunte Vielfalt deutlich. Etikette ist aus keinem Lebensbereich fortzudenken. Ebenso wenig wie Höflichkeit, die als Sprache der Herzensbildung und als Statussymbol sogar zu einer Art ästhetischer Repräsentation gesamtgesellschaftlicher Etikette avanciert. Höflichkeit ist also auch eine wunderbare Chance, einen Beitrag zum sozialen Frieden in unserer Gesellschaft zu leisten. Höflichkeit ist – wie ein herzliches Lächeln – unwiderstehlich und wird meist sofort belohnt.

Doch welches Auftreten wird von anderen als höflich und damit wertschätzend empfunden? Und was umfasst der heutige Etikettekanon? Was sind gute Manieren und was ist schlechtes Benehmen? Und was sind nunmehr die «kleinen Dinge»? Auch auf diese Fragen möchte ich in diesem Buch Antworten geben.

Dabei liegt mir daran, Ihnen – auf klare und nötigenfalls auch unverblümte Weise – Wissen zu vermitteln, das vor allem nützlich und interessant ist. Dieses Wissen befähigt Sie, zu erkennen, welches Auftreten in verschiedenen Situationen Ihres persönlichen Lebens angemessen ist. Darüber hinaus werden Sie mit der Kenntnis der Regeln Ihre eigene individuelle Mischung finden, so dass trotz aller Regeln Ihre Individualität, Ihre Persönlichkeit, nicht zu kurz kommt. Sie werden erkennen, dass Ihr Auftreten «nur angemessen» sein muss, um als Wertschatzung des anderen aufgefasst zu werden. Sie werden verstehen, dass Höflichkeit den menschlichen Grundbedürfnissen nach Respekt und Achtung entgegenkommt. Außerdem wünsche ich mir, dass es Ihnen Freude bereitet, zu erkennen, wie sich eins zum anderen fugt und sich aus Geboten und Verboten, Konventionen und Kodizes, Traditionen und Neuheiten, Sitten und Gebrauchen, Diplomatien und Empfehlungen ein grösser Ganzes ergibt – die Basis, auf der unser gesellschaftliches Miteinanderumgehen sehr erleichtert wird und auf der es zudem auch noch angenehmer wird, in der Gesellschaft anderer zu sein.

Mit zwei Zitaten aus der Feder des bereits erwähnten Herrn verrate ich Ihnen schon einmal, was sich hinter dem «nur angemessenen» Auftreten verbirgt: einerseits nämlich die Forderung «Lerne den Ton der Gesellschaft annehmen, in welcher Du Dich befindest» {Über den Umgang mit Menschen, S. 50} und auf der anderen Seite der Appell «Sei, was Du bist, immer ganz und immer derselbe» {Über den Umgang mit Menschen, S. 68}. Der, der das schrieb, war kein Geringerer als Freiherr Adolph von Knigge. Er wird sehr häufig in dem vorliegenden Buch zu Wort kommen und Sie werden sehen, wie zeitgemäß seine Ansichten teilweise noch heute sind. Und manche von Ihnen werden staunen, dass er ein ganz anderer Mensch war, als sie bisher zu wissen glaubten. Auch das ist mein Anliegen: Ich mochte Sie neugierig machen, den Bestseller *Über den Umgang mit Menschen* zu lesen, in dem der berühmte Adelige 1788 den normalen Bürgern die Geheimcodes der höheren Gesellschaft für den esprit de conduite – die Kunst des Umgangs mit Menschen – verriet.

Und so schließt sich dann auch der Kreis: Nicht nur jeder Einzelne, sondern unsere gesamte Gesellschaft verlangt nach den «kleinen Dinge» genauso wie nach den offenkundigen Zeichen für Wertschatzung. Dieses Buch setzt sich aus Kolumnen und aus Antworten auf Leserbriefe oder aus Fragen meiner Seminarteilnehmer und Klienten zur Thematik «Stil – Der überzeugende Auftritt» zusammen; teilweise sind diese Texte – in kürzerer Form – bereits veröffentlicht worden. Da jeder Text in sich abgeschlossen ist, können Sie das Buch entweder von der ersten bis zur letzten Seite durchlesen oder aber mal hier und mal dort eine Antwort bekommen. Manche Frage hatte ich zwar ganz einfach mit Ja oder Nein oder mit einem einzigen Satz beantworten können, doch ich habe viel lieber etwas weiter ausgeholt, weil die Kenntnis der Hintergrunde zum Verstehen meist unerlässlich ist und auch, weil es einfach interessant ist, Herleitungen nachzuvollziehen.

So kommt es, dass Wiederholungen sich nicht ganz vermeiden ließen; schließlich gehören viele Erklärungen und Hintergrunde in die verschiedensten Zusammenhange. Allen Texten jedoch ist gemein, dass ich stets und mit Absicht eher auf eine formelle Einladung, eher auf das Gourmetrestaurant, eher auf glattes Parkett, eher auf ein hochoffizielles Ereignis eingegangen bin, denn ich bin mir gewiss, dass derjenige, der sich dort sicher und souverän zu bewegen weis und in solchen schwierigeren Situationen nicht in Verlegenheit kommt, auch bei zwangloseren Zusammenkünften mühelos den richtigen Ton treffen wird.

Die Idee, aus den einzelnen Texten ein Buch zu machen, verdanke ich den Lesern meiner Kolumnen. Für die Möglichkeit, dieses Vorhaben in die Tat umzusetzen, bin ich DOM publishers und auch dem Nikol Verlag zu Dank verpflichtet. Er gilt namentlich Philipp Meuser wie Marc Nikol und beiden eigens für die stets vertrauensvolle Zusammenarbeit. Ganz besonders herzlich bedanke ich mich bei Natascha Meuser: Ohne ihre charmanten Illustrationen wäre das Buch nicht so schön geworden. Mit ihr zu arbeiten, ist eine Freude und eine Bereicherung – auch für *die Erziehung des Blicks.*

Ein grösser Dankeschön gebührt meinen Seminarteilnehmern und Klienten, von deren Erfahrungen ich profitieren durfte, für ihr großes Interesse, für ihre vielen Anregungen und dafür, dass sie mir immer wieder versicherten: *Besonders gut fand ich, dass Sie so pingelig waren.*

Selbstverständlich steht es Ihnen, liebe Leser, frei, andere Ansichten als die in dem vorliegenden Buch beschriebenen zu haben und mir zu widersprechen. Darüber diskutiere ich gern mit Ihnen. Doch zunächst bitte ich Sie um einen Vorschuss an Sympathie für die Sache, denn ohne Sympathie wurde ein Verstehen erschwert.

Zum Schluss noch ein paar Worte zur Verwendung geschlechtsspezifischer Bezeichnungen. Natürlich ist es mir wichtig, Frauen und Männer gleichermaßen anzusprechen, und immer dann, wenn nicht explizit von Frauen oder Männern die Rede ist bzw. wenn es aus dem Kontext erkennbar ist, sind selbstverständlich beide Geschlechter gemeint. Ich habe bewusst darauf verzichtet, über *ihn* oder *sie*, *die Gastgeberin* oder *den Gastgeber, den Kunden* oder *die Kundin, weibliche* und *männliche Führungskräfte* etc. zu schreiben, um die manchmal verzwickten Darstellungen nicht zusätzlich noch umständlich zu formulieren. Und darüber hinausgehe ich davon aus, dass moderne Menschen heute – zumindest was Fragen der Umgangsformen betrifft – auf solche geschlechtsspezifischen Formulierungen selbstbewusst verzichten können.

Salka Schwarz

Ein Blick zurück

Äußerlichkeiten

Der erste Eindruck – Auftreten mit Wirkung

Richtig kleiden – Anlass? Typ? Rolle?

Geschäftskleidung – branchen-, typ- und rollenabhängig

Äußerlichkeiten

Höflichkeitsstandards –
privat, beruflich und in Gesellschaft

Ein Blick zurück

Knigge war ganz anders

Wer war Freiherr Adolph von Knigge? Er war einer der bedeutendsten deutschen Aufklärer des 18. Jahrhunderts, begeisterter Freimaurer, scharfsinniger Philosoph und streitbarer Publizist: Freiherr Adolph Franz Friedrich Ludwig von Knigge, salopp einfach Knigge. Doch prominent wurde er vor allem mit seinem von Anfang an missverstandenen Werk *Über den Umgang mit Menschen* – durch dieses Buch wurde sein Name zum Synonym für Anstandsregeln und gute Kinderstube.

Der Zicken-Knigge – Business Knigge – Der neue Knigge – Party-Knigge – Der Knigge für Hund und Halter – Kinder-Knigge – Der Autofahrer-Knigge ...

Mit all diesen mehr oder weniger ernst gemeinten Ratgebern hat Freiherr von Knigge nur wenig zu tun. Er hat weder über den richtigen Umgang mit Messer, Gabel und Löffel am Esstische philosophiert noch jemals verboten, Fisch oder Gemüse mit dem Messer zu schneiden. Auch die Frage, wann und wo welcher Abendanzug angemessen ist und ob der Handkuss unter freiem Himmel schicklich sei, war ihm keine Zeile wert.

Der berühmte Adelige konnte nicht ahnen, dass er einmal als Etikettehüter und Erfinder der feinen Manieren in die Geschichte eingehen und dass sein Werk schon kurz nach seinem Tod, nach diversen Erweiterungen und Verschlimmbesserungen, zur Benimmfibel reduziert werden würde. Zwar wurden bereits im 19. Jahrhundert diese textlichen Redigierungen weitestgehend rückgängig gemacht, doch auch heute noch – 200 Jahre nach seinem Tod – kann bei jeder vermeintlich passenden Gelegenheit gefahrlos der angebliche *Knigge* zitiert werden. Und das ist wohl nur dadurch zu erklären, dass kaum einer das Original seines Bestsellers je gelesen hat.

Tatsächlich ist Freiherr von Knigges Hauptwerk *Über den Umgang mit Menschen* vielmehr eine recht weitsichtige Betrachtung über den individuellen und gesellschaftlichen Anstand in Deutschland. Zugleich ist seine Sammlung philosophischer Ratschläge und soziologischer Betrachtungen eine sowohl praktische als auch höchst aktuelle Anleitung, um «... die Kunst des Umgangs mit Menschen – ...; die Kunst, sich bemerkbar, geltend, geachtet zu machen, ...; sich ungezwungen in den Ton jeder Gesellschaft stimmen zu können, ohne weder Eigentümlichkeit des Charakters zu verlieren, noch sich zu niedriger Schmeichelei herabzulassen» {Über den Umgang mit Menschen, S. 23} zu erlernen.

Doch mit seiner insofern vernünftigen, ganz pragmatischen und obendrein verblüffend en vogue erscheinenden Lebensphilosophie gab der revolutionäre Edelmann als Wegbereiter für Demokratie und Aufklärung 1788 – ein Jahr vor der Französischen Revolution – jungen Männern des aufstiegsorientierten Bürgertums in Deutschland die Umgangsformen des Adels und somit die Geheimcodes des damaligen guten Stils in die Hand. Dessen war er sich als politischer Journalist auch wohlbewusst, und ebenso konnte er sich denken, dass man bei Hofe seine Publikationen nicht gern sehen würde – ging dem Adel doch so die Exklusivität der guten Manieren verloren, die auch damals schon als Statussymbol Voraussetzung für Karrieren, Macht und Einfluss waren.

Gerade aber gegen diesen Despotismus der Aristokratie kämpfte Freiherr von Knigge an und bereits der erste Satz seines Buches – «Jeder Mensch gilt in dieser Welt nur so viel, als wozu er sich selbst macht.» {**Über den Umgang mit Menschen, S. 37**} – und darüber hinaus solche Ratschläge wie «Man messe sein Betragen gegen Hofleute pünktlich nach dem ihrigen gegen uns ab und gehe ihnen keinen Schritt entgegen. Diese Menschengattung nimmt eine Handbreit, wo man ihnen einen Fingerbreit einräumt. Man erwidere Stolz mit Stolz, Kälte mit Kälte, Freundlichkeit mit Freundlichkeit, gebe aber nicht mehr und nicht weniger als man empfängt.» {**Über den Umgang mit Menschen, S. 323**} machten aus seinem Standpunkt zur Klassenfrage keinen Hehl und führten unausweichlich zu Ressentiments aufseiten seiner Standesgenossen.

Freiherr von Knigge – 1752 geboren und früh verwaist – trat bereits als Jurastudent nach dem Vorbild seines Vaters einer Freimaurerloge bei; Logen boten ihm und der bürgerlichen Aufklärungsbewegung in der Zeit vor der Französischen Revolution den notwendigen intellektuellen Freiraum für ihre Ideen. Ihn begeisterten die Ideale der Französischen Revolution; er sympathisierte mit dem von der Aufklärung beeinflussten Bürgertum und er trat für dessen soziale und politische Gleichstellung mit dem Adel ein. Sein Streben nach Rechtsgleichheit des Bürgertums und somit gegen die Privilegierung der Adelsstände verband ihn zwar mit prominenten Gleichgesinnten seiner Zeit wie Friedrich Gottlieb Klopstock, Johann Wolfgang von Goethe, Johann Gottfried Herder oder Friedrich von Schiller, setzte ihn aber auch der immer heftiger werdenden Kritik des deutschen Adels aus. Man beschuldigte ihn, ein Klassenverräter und Volksaufwiegler zu sein, und bewertete seine Schriften als getarnte Empfehlung zur Revolution. Das machte ihn zum blaublütigen Außenseiter und führte letztlich zum Bruch mit dem Adel. 1792 strich er daraufhin selbst das Adelsprädikat *von* aus seinem Namen. Er nannte sich fortan nicht mehr Freiherr von Knigge, sondern freier Herr Knigge.

Obwohl der freie Herr (von) Knigge das deutsche Volk mit seinen immer wieder geäußerten revolutionären Positionen wie wohl kein zweiter deutscher Schriftsteller seiner Zeit polarisierte, bescherte ihm *Über den Umgang mit Menschen* doch bereits zu Lebzeiten großen Erfolg. Das Werk fehlte in keinem bürgerlichen Bücherregal und avancierte zu einem Klassiker der deutschen Geistes- und Sozialgeschichte. Der Freigeist Knigge starb am 6. Mai 1796 in Bremen.

PS: Freiherr (von) Knigge heiratete im August 1773 das wohlhabende Kasseler Hoffräulein Henriette von Baumbach, ein Jahr später wurde das einzige Kind Philippine Auguste Amalie geboren. Seine Tochter heiratete 1793 den Offizier Freiherrn Claus Friedrich von Reden, so dass es keine direkten Nachkommen des Freiherrn Adolph Franz Friedrich Ludwig (von) Knigge mit dem heutigen Familiennamen *Freiherr Knigge* geben kann.

Etikette

Woher stammt der Begriff *Etikette*? Der Begriff *Etikette* wird heute in Nachschlagewerken als die Gesamtheit der von den höfischen Sitten abgeleiteten Umgangsformen definiert. *Etikette* stammt von dem französischen Wort étiquette – Aufschreibezettel. Auf den étiquettes waren die an Adelshöfen zugelassenen Personen ihrem Rang nach aufgelistet. Demnach steht der Begriff *Etikette* ganz eng mit den Begriffen *Zeremoniell* und *Protokoll* in Zusammenhang, mit denen man auch heute noch die Gesamtheit der Vorschriften und Regeln, insbesondere das Rangreglement, eines Adelshauses oder eines Staates bei feierlichen Anlässen bezeichnet.

Dass der Begriff *Etikette* aus dem Französischen kommt, verwundert nicht, da ja auch sonst eigentlich alles, was heute unter Etikette verstanden wird, französischen Ursprungs ist – stammt es doch aus den französischen Adelshäusern des 16. und 17. Jahrhunderts. In jener Zeit haben sich die europäischen Adelshäuser von den französischen Höfen nicht nur die feinen Manieren abgeschaut, sondern den gesamten Lebensstil übernommen. In sämtliche Höfe Europas hielt nun nicht nur der gleiche Geschmack, sondern auch die gleiche Sprache Einzug. Indem man nämlich fortan Französisch sprach, verfügte man über ein weiteres, besonderes und für jeden deutliches Instrument, um sich von all denen, die nicht zur Noblesse gehörten, abzugrenzen.

Der Begriff *Etikette* wird auch immer wieder namentlich mit Ludwig XIV. (1643-1715), dem sogenannten Sonnenkönig, in Verbindung gebracht. Der absolutistische französische Herrscher mit dem fürstlich-barocken Lebensstil liebte Regelmäßigkeit und Ordnung bis ins Detail. Jedes Zeremoniell der Etikette am Hofe, wie beispielsweise die Regelung darüber, wer den König am Morgen wecken durfte, wer ihm beim Ankleiden helfen oder wer durch welche Tür kommend ihm das Frühstück bringen durfte, hatte seinen eigenen Prestigewert und war als Fetisch peinlichst genau geregelt. Dieses Zeremoniell brachte den Rang und die Würde jedes Privilegierten zum Ausdruck und sorgte gleichzeitig als Zeugnis von der Gunst des Königs für Neid, Konkurrenz, Machtkämpfe und Spannungen, insbesondere unter den rivalisierenden Spitzengruppen.

Norbert Elias macht dies in seinem Werk *Die höfische Gesellschaft* deutlich, wenn er schreibt, dass es sich «nicht um eine rationale Organisation im modernen Sinne [handelte], [...] sondern um einen Organisationstypus, bei dem jeder Aktus den Prestigecharakter erhielt, der mit ihm als Symbol der jeweiligen Machtverteilung verbunden war» {**Die höfische Gesellschaft, S. 145**}.

Auch wenn die Apparatur des Zeremoniells nicht von Ludwig XIV. geschaffen worden war, so baute er sie doch aus, festigte und nutzte sie. So gelang es ihm, seinen Machtspielraum eben mithilfe eines ausgewogenen Systems von spezifischen Strategien, die als Prestige-, Abgrenzungs- und Statussymbol dienten und somit den Adel gewissermaßen gefügig machten, zu bewahren. Insofern war die höfische Etikette für ihn nicht eine bloße Zeremonie, sondern sowohl Distanzierungs- als auch Machtinstrument zur Beherrschung der Untertanen. «Der sichtbarste Ausdruck für diese völlige Abgestelltheit der Herrschaft auf die Person des Königs und ihre Erhöhung oder Abhebung ist die Etikette.» {**Die höfische Gesellschaft, S. 203**}

Seit jener Zeit ist das Wort *Etikette* mit dem höfischen Zeremoniell und den feinen Manieren bei Hofe verknüpft. Wohl wegen dieser elitären Herkunft stößt der Ausdruck *Etikette* bei vielen Menschen nicht nur auf Sympathie; er hat auch einen negativen Beigeschmack, da er zwangsläufig auch an die Gefahr von Fehlverhalten und Peinlichkeiten erinnert. Dabei sind unsere Umgangsformen und die heutige Etikette längst keine gespreizten Benimmregeln mehr; sie sind nichts Negatives, nichts Dogmatisches. Vielmehr soll Etikette heute den Rahmen bieten, in dem die Würde der Menschen gegenseitig geachtet wird und somit die Kommunikation mit jedermann zu einem Vergnügen werden kann. Dies verlangt vor allem Takt und Einfühlungsvermögen.

Heute kann mit der situationsabhängigen und rollengerechten Anwendung von Etiketteregeln im ganz normalen Leben gelingen, was dem Freiherrn von Knigge damals vorschwebte: ein höfliches und respektvolles Miteinanderumgehen.

Logisch, nützlich und tief verwurzelt

Woher kommen eigentlich unsere heutigen Umgangsformen? Auf der einen Seite soll gar nicht erst der Versuch unternommen werden, den Ursprung und die Geschichte all unserer Umgangsformen darzulegen oder zu erklären, wann welche Manieren gut oder schlecht sind. Es sollen hier nur wenige bescheidene Bemühungen unternommen werden, und nicht mehr. Ganz um einen solchen Versuch herum kommt man nämlich aus dem Grund nicht, da einige Regeln unseres modernen Etikettekanons eben nicht logisch oder nützlich, sondern allein vor historischem Hintergrund verständlich sind. Logische und nützliche Regeln setzen sich freilich leichter durch als jene, die nur mit einem Blick in die Vergangenheit zu verstehen und schließlich nur so auch zu akzeptieren sind. Dabei müssen wir nur wenige Jahrhunderte zurückschauen, um diese schließlich allgemein anerkannten Sitten und Gebräuche aus Respekt vor der Geschichte sowie aus Sympathie respektieren zu können.

Sobald Menschen in einer Gesellschaft zusammenleben, müssen Regeln her, das ist sicher keine Frage. Gebote und Verbote – das sind Verhaltensregeln, die als Gesetzesnormen gelten, und solche, auf die man sich innerhalb einer Gesellschaftsgruppe geeinigt hat. Letztere Verhaltensnormen, auch Benimmregeln und Umgangsformen genannt, sind seit Tausenden Jahren von sämtlichen Kulturvölkern schriftlich dokumentiert. Von allgemeinen philosophischen Anschauungen, über Erziehungsratschläge bis hin zu detaillierten Benimmregeln beim Essen richteten diese Regeln sich jedoch nur an die Mitglieder der jeweils herrschenden Schicht, die – unabhängig von ihren Leistungen und Fähigkeiten – in der neueren Soziologie als *Eliten* bezeichnet werden.

Diese oft bis ins Kleinste festgelegten Verhaltensnormen waren seit jeher nicht nur Klassenmerkmal, sondern auch Statussymbol, mit denen sich die Mitglieder einer Klasse von denen, die nicht zu ihnen gehören (sollen), abgrenzen (wollen). Und das ist heute im Wesentlichen nicht anders. Wie der Dortmunder Soziologe und Eliteforscher Professor Michael Hartmann in seinen Forschungen 2005 bestätigt fand, umgibt sich beispielsweise auch die deutsche Wirtschaftselite am liebsten mit Neulingen, die ihnen im Verhalten und im Aussehen ähneln – da kommt es eben auch auf die Nuancen an, man erkennt sich intuitiv.

Wenn es nun um die moderne gute Erziehung geht, ist zwar die gesamte menschliche Entwicklung von Bedeutung, doch die heute noch am deutlichsten sichtbaren Spuren hat das Mittelalter hinterlassen: zum einen die Ritterzeit – sämtliche Begrüßungsrituale und Regeln zum Protokoll stammen aus dieser Zeit – und zum anderen die höfische Etikette. Überbleibsel der höfischen Etiketteregeln finden wir insbesondere in den Kavaliers- und Höflichkeitsgesten, in den immer noch sehr strengen Tisch- und Essmanieren, aber auch in der festlichen Kleidung.

Dass das so ist, verdanken wir vor allem der Annäherung von bürgerlichen und höfischen Umgangsformen und der damit verbundenen allgemeinen Verfeinerung der Sitten im ausgehenden Mittelalter. Es war ein Prozess von mehreren Hundert Jahren, bei dem die von Hofleuten lediglich für ihre eigene Erziehung aufgeschriebenen – und streng bewachten – Verhaltensnormen durch die jeweils niedrigstehendere Schicht ausgekundschaftet und imitiert wurden. Doch wenn die Bürger diese Verhaltensnormen übernahmen, fügten die Höfe augenblicklich noch diffizilere Regeln hinzu – so dass den aufstiegsinteressierten Bürgern wieder nicht die letzten Finessen in den Umgangsformen der feinen Gesellschaft bekannt waren, mit denen der Adel seine Stellung nach unten und nach oben hin zu demonstrieren wusste.

Doch die neureichen Bürger wollten partout dabei sein und sich ihrerseits nach unten abgrenzen. So ging es dann hin und her: Sobald sich die Bürger die aktuellen Benimmregeln angeeignet hatten, legte man bei Hofe nach. Das Ergebnis waren übertriebene und sinnentleerte komplizierte Regeln, mit denen wir uns heute gar nicht mehr auskennen würden. Letztendlich geblieben sind logische, nützliche, angenehme sowie auch einige willkürlich erscheinende Regeln, die nur historisch zu erklären sind – und außerdem das schöne Wort *Höflichkeit*.

Erst gegen Ende des 18. Jahrhunderts kam es unter dem Druck des Bürgertums, dessen Wohlstand und Bildung stetig zunahm, und von Teilen der höfischen Gesellschaft, die fasziniert waren von aufklärerischen Ideen zu Gerechtigkeit, Vernünftigkeit, Menschlichkeit und Bildung für alle, zu einer Entwicklung in der bürgerlichen Gesellschaft, die bis heute anhält – dem Prozess der Zivilisation (von lat. *civis* = Bürger).

Umgangsformen heute

Zeitgemäße Umgangsformen sind keine strikten Anstandsregeln und kein dogmatischer Formenzwang, sie sind vielmehr getragen von dem Respekt und der Achtung dem anderen gegenüber, sowie situations- und rollenabhängig. Das hat zwar auf der einen Seite vor allem viele Vorteile, doch auf der anderen Seite kommt es – gerade weil die Regeln heute so variabel anzuwenden sind – auch zu großen Unsicherheiten.

Gibt es denn heute überhaupt noch so strenge Benimmregeln?

Dafür gibt es ganz unterschiedliche Ursachen:

1. **Das Nebeneinander moderner und traditioneller Umgangsformen**
   So bleibt eine ältere, traditionell erzogene Frau bei der Begrüßung sitzen, weil sie es als ein Privileg ansieht, sitzen bleiben zu dürfen, während eine jüngere Frau aufsteht – weil sie mit ihrem Gegenüber auf Augenhöhe sein möchte.

2. **Die Demokratisierung der Umgangsformen seit der 68er-Bewegung**
   Mit dem Generalverdacht der Achtundsechziger gegenüber Autorität und Hierarchien sind zwar viele sinnentleerte Regelungen abgeschafft worden, gleichzeitig jedoch auch solche Regeln, die die Möglichkeit bieten, durch das eigene Verhalten und Aussehen Respekt auszudrücken.

3. **Die fortschreitende Globalisierung**
   Neben den nationalen Regeln werden interkulturelle Kompetenzen immer wichtiger.

4. **Die neuen Kommunikationstechniken mit dem Bedarf an entsprechenden Umgangsformen**
   Hier ist ein ganz neuer Etikettekanon entstanden, die sogenannte Netikette – Etikette im Netz.

5. **Die Emanzipation der Frau**
   Sie hat wahrscheinlich zu den größten Verunsicherungen geführt – bei Frauen und bei Männern. Frauen sind heute gleichberechtigt, selbstständig und berufstätig. Das führte auch zu einer Differenzierung der Umgangsformen – für das Privatleben einerseits und für das Berufsleben andererseits.

Heute muss man also auf ein vielschichtiges Repertoire an Verhaltensweisen zurückgreifen können und wissen, welcher Ton angemessen ist, um in der jeweiligen Situation souverän aufzutreten. Weil es aber so viele verschiedene, vom jeweiligen Kontext abhängige richtige Verhaltensweisen gibt, ist es immer wichtig zu prüfen, ob man sich in einer privaten oder in einer beruflichen Situation befindet, ob es sich um ein offizielles oder um ein inoffizielles Ereignis handelt und mit welchen Personen man zusammen ist. Die Voraussetzung für adäquates Verhalten ist allerdings, dass man sich immer klar der Rolle, die man gerade verkörpert, bewusst ist.

Doch egal, wo man sich befindet, ob auf einem Ball, im Schwimmbad oder im Büro, ob zusammen mit Kindern oder älteren Menschen, mit Ausländern oder Landsleuten, mit dem Vorstand oder Mitarbeitern; egal, ob man selbst gerade als Gastgeberin oder Gast, Mitarbeiter oder Chefin, Vater beim Klassenausflug, Spieler auf der Ersatzbank oder Ausländer auftritt: Man muss authentisch bleiben, um glaubwürdig zu sein. Mitmenschen sollten sich darauf verlassen können, dass man sich immer so und nicht anders verhalten wird. Niemand sollte sich verstellen, verbiegen oder vorgeben, ein anderer Mensch zu sein.

Parkettsicherheit ist Übungssache. Man kann sie trainieren, indem man sich unter verschiedene Menschengruppen mischt und jede Gelegenheit bewusst nutzt, mit Menschen aus unterschiedlichen Milieus zu kommunizieren, um so die eigene Sicherheit im Auftreten gegenüber jedermann zu erhöhen. Das kann im Taxi oder im Supermarkt sein, beim Zusammentreffen mit Jugendlichen und mit dem Vorstandsvorsitzenden, der zufällig im Fahrstuhl steht; es lässt sich mal in einer Studentenkneipe ausprobieren und mal in einem Gourmetrestaurant. Doch nur, wenn das Verhalten wirklich zu dem Menschen gehört, wenn es also von Herzen kommt und überzeugend wirkt – dann ist es glaubwürdig und sympathisch.

Äußerlichkeiten

Lohnt sich der Kontakt?

Macht man sich tatsächlich schon nach 5 Sekunden einen ersten Eindruck von einem Menschen?

Ja, das stimmt schon – so in etwa lauten jedenfalls die Aussagen von Wissenschaftlern, die sich mit diesem Phänomen befassen. Nach einer viel zitierten Studie der Universität Pennsylvania entscheiden wir bereits nach 3 bis 5 Sekunden darüber, ob unser Gegenüber uns zunächst sympathisch ist oder nicht, ob wir ihn glaubwürdig finden oder nicht – und somit, ob wir an dem Kontakt interessiert sind oder eben nicht. Denn das ist unsere zentrale Frage: Lohnt sich der Kontakt?

Nicht nur, dass wir uns für den ersten Eindruck nicht viel Zeit nehmen; hinzu kommt auch noch, dass wir uns allein anhand von Äußerlichkeiten unsere Meinung über eine Person bilden. Wir alle haben ganz subjektive Erwartungen in einer bestimmten Situation und interpretieren die Welt – das, was wir sehen, hören, riechen – auf unsere eigene Weise, aufgrund unserer Werte, Assoziationen, Vorurteile, Erinnerungen und Erfahrungen. So entsteht ein inneres Bild.

Die im Wesentlichen unbewusst ablaufende Einschätzung einer Person erfolgt in drei Schritten:

Zunächst erfassen wir sinnlich: Kleidung, Körperhaltung, Gestik und Mimik, Geruch und Stimme. Das alles wird in Bruchteilen von Sekunden wahrgenommen und mit dem, was gerade in der Situation, zu diesem Ereignis und von der Person aus der eigenen Rolle heraus erwartet wird, abgeglichen. Anschließend wird nur noch das Erfasste geprüft und das bereits entstandene Bild mit dem, was die Person vielleicht zur Begrüßung sagt, vervollständigt. Werte, Erfahrungen und Vorwissen werden parallel verarbeitet, bevor die Informationssuche zunächst eingestellt wird. Das Urteil steht erst einmal fest und die Person wird – hoffentlich – als authentisch und sympathisch eingeschätzt. Oder sie hat schlechte Chancen; möglicherweise wegen eines hellen Anzugs auf einem Ball, eines zu laschen Händedrucks oder was es auch sei. Immer dann, wenn das Aussehen oder das Verhalten nicht den Erwartungen entspricht, ist die Chance für einen guten ersten Eindruck vertan, und um die positiven Eigenschaften eines Menschen auf den zweiten Blick doch noch erkennen zu können, fehlt es leider oft an Gelegenheit.

Menschen sind für uns nämlich nur dann interessant, wenn sie uns ähnlich sind, wenn sie etwas Besonderes an sich haben oder wenn sie uns nützlich erscheinen. Alle anderen Menschen müssen hartnäckig sein, um unsere Aufmerksamkeit zu erhalten. Über den ersten Eindruck entscheiden wir: Ich habe mit der Person etwas Gemeinsames. Wir passen zusammen. Der Kontakt lohnt sich für mich. Diese Person kann für mich interessant oder nützlich sein. Es könnte eine nette Unterhaltung werden.

Die Kenntnis um die Entstehung des ersten Eindrucks hilft Ihnen, sich bewusst auf eine bestimmte Situation vorzubereiten und einzustimmen. Das ist wichtig, weil es für den ersten Eindruck, den Sie machen, ganz egal ist, warum Sie sich so oder so verhalten, oder warum Sie das falsche Outfit gewählt haben. Allein entscheidend ist, wie Ihr Verhalten und Aussehen beim Gegenüber ankommt und ob es in der entsprechenden Situation stimmig ist. Nur dann nämlich, wenn es stimmig ist, wird es positiv bewertet.

Denken Sie z.B. an das Vorstellungsgespräch: Die Geschäftsleitung hat aufgrund der Bewerbungsunterlagen für eine neu zu besetzende Assistentenstelle eine gewisse Erwartung an den Bewerber. Nun kommt der hoch qualifizierte Bewerber mit ausgestrecktem Arm und einem fröhlichen *Hallöchen, ich heiße Herr Sonnenschein* eine Viertelstunde zu spät und trägt abgetretene Schuhe und ausgebeulte Hosen. Der hat keine Chance, denn es gibt viele Bewerber mit ähnlich guten Fachkenntnissen – und besseren Manieren. Oder?

Kleidung sagt viel

Kleider machen Leute, das ist nicht nur ein bekanntes Sprichwort, sondern eine Erfahrung, die nahezu jeder Mensch in seinem beruflichen und privaten Leben bereits kennengelernt hat. Es gibt keinen Zweifel darüber, dass das äußere Gesamtbild eines Menschen über den ersten Eindruck in bedeutendem Maße mitentscheidet. Die Kleidung ist für das Äußere eines Menschen ein ganz wesentliches Merkmal und ermöglicht uns zudem, unseren Gegenüber nach Kriterien wie *angemessen*, *glaubwürdig* oder *authentisch* zu beurteilen. Darüber hinaus hat jeder Mensch die Möglichkeit, auch mit seiner Kleidung Einfluss auf ein bestimmtes Selbst-Image zu nehmen.

Was drücken wir durch unsere Kleidung aus?

Die Kleidung eines Menschen hilft uns also bei dessen Einordnung. Ist sie beispielsweise angemessen und stimmig zum Anlass, zur Situation und zur Rolle? Welche Signalwirkung hat sie? Spielt Kleidung doch nicht nur für den ersten Eindruck eine entscheidende Rolle, sondern immer und in jeder Situation. Falsch gewählte Kleidung wird oft sogar als Provokation, Missachtung oder Beleidigung empfunden. Was können Sie da beachten?

Seien Sie sich bewusst, dass Sie mit Ihrer Kleidung stets Signale senden, die bei Ihren Mitmenschen entweder eine positive oder negative Empfindung auslösen.

Bedenken Sie, dass die meisten Menschen unangemessene Kleidung nicht nur als Missachtung eines Anlasses, sondern als Missachtung ihrer Person empfinden, und das hat möglicherweise Konsequenzen. Dabei ist es ganz egal, wieso Sie sich so gekleidet haben, wie Sie sich gekleidet haben, oder weshalb die Schuhe schmutzig oder abgetreten sind oder warum Ihre Hose keine scharfe Bügelfalte hat; es ist allein entscheidend, wie so etwas bei dem anderen ankommt, wie er es empfindet. Abgesehen davon, dass Sie ja oft auch gar nicht dazu kommen, irgendetwas zu erklären. Zwar können Sie sich bei Ihnen sehr vertrauten Menschen einer größeren Gnade gewiss sein, aber auch im engen Freundes- und Familienkreis besteht Fettnäpfchen-Gefahr, wenn Sie unangebrachte Garderobe tragen. Ausschlaggebend ist daher die Frage:

Welche Erwartungen haben andere an Ihre Kleidung? Versuchen Sie, sich mit deren Augen zu sehen. Wie sollten Sie wirken? Wie wollen Sie wirken? Was sind Sie für ein Typ? Was ist es für ein Anlass? Welche Personen sind anwesend? In welcher Rolle sind Sie selbst?

Im Berufsleben dagegen gibt es für bestimmte Branchen weitverbreitete Kleidungserwartungen. So signalisiert etwa die klassische Geschäftsuniform für den Mann und für die Frau weltweit Seriosität, Vertrauenswürdigkeit und Kompetenz. Daneben sind dann noch bestimmte Kleiderordnungen für gesellschaftliche Anlässe zu beachten. Wobei es auch bei solchen Gelegenheiten ratsam ist, sich von Freiherrn von Knigge sagen zu lassen: «Kleide Dich nicht unter und nicht über Deinen Stand; nicht über und nicht unter Dein Vermögen; nicht phantastisch; nicht bunt; nicht ohne Not prächtig, glänzend noch kostbar; aber reinlich, geschmackvoll, und wo Du Aufwand machen mußt, da sei Dein Aufwand zugleich solide und schön. Zeichne Dich weder durch altväterische, noch jede neumodische Torheit nachahmende Kleidung aus. Wende einige größere Aufmerksamkeit auf Deinen Anzug, wenn Du in der großen Welt erscheinen willst. Man ist in Gesellschaft verstimmt, sobald man sich bewußt ist, in einer unangenehmen Ausstaffierung aufzutreten.»

Distanz und Nähe

Welche Distanzbedürfnisse sollte man in Deutschland beachten?

Das Distanzbedürfnis in Europa ist durch ein Nord-Süd-Gefälle gekennzeichnet. Selbst innerhalb Deutschlands kann man das beobachten, etwa wenn Norddeutsche meist etwas weiter entfernt und Süddeutsche etwas näher vor einer fremden Person Halt machen. Zunächst schätzen Personen aus einer *gesellschaftlichen Distanz* von ca. 2 bis 3 Metern ein, ob es sich lohnt, dem

Gegenüber für eine Kontaktaufnahme näher zu kommen. Sucht die Person Blickkontakt? Lächelt sie? Nur dann erscheint es lohnend, etwas näher zu treten. In der *persönlichen Distanz* kann man sich zwar die Hand geben, sollte jedoch die andere Person nicht auf andere Art und Weise anfassen können!

Die meisten Europäer empfinden die Unterhaltung mit fremden Menschen bei einem Abstand von 50 bis 100 Zentimetern als angenehm. Ein frontales Gegenüberstehen ist dabei oft nicht ideal, bei einem zu großen Größenunterschied etwa. Dann, oder falls der Gesprächspartner zu nahe kommt, empfiehlt es sich, nicht zurückzuweichen, sondern sich stattdessen in einen Winkel von 90 Grad zum anderen zu stellen – Schulter an Schulter. So lässt sich die Situation einerseits entspannen und andererseits wird niemand durch ein Zurückweichen gekränkt oder verletzt. Zumal dem, der zurückweicht, oft sogar gefolgt wird. Weicht jedoch Ihr Gesprächspartner im Gespräch zurück, sollten Sie dies respektieren, eventuell als Abstandsuche interpretieren und zulassen. Das Distanzbedürfnis des Gegenübers ist jedenfalls immer und uneingeschränkt zu achten. Und einen fremden Menschen anzufassen, sollte außerdem vollkommen tabu sein.

Je vertrauter man jemandem ist, desto mehr Nähe wird auch erlaubt – in der *intimen Distanzzone*. Die intime Distanzzone ist geringer als 50 Zentimeter und allein dem engsten Freundes- und Familienkreis vorbehalten. Nichtsdestotrotz muss man eine solche geringe Distanz beispielsweise im Fahrstuhl oder auf Empfängen auch mit fremden Menschen aushalten. In dieser Nähe wird unter einander Fremden Smalltalk nahezu unmöglich. Wenn auch sonst beim Smalltalk dosierter Blickkontakt wichtig ist, sollte er in zu großer Nähe fast völlig eingestellt werden. Auch beim Zusammentreffen mit Menschen aus anderen Kulturen kann es vorkommen, dass die intime Distanz zum Dauerzustand während einer Unterhaltung wird. Darauf sollten Sie sich einstellen und, wenn der Kontakt Ihnen wichtig ist, diese Nähe entweder aushalten oder auf die Schulter-an-Schulter-Position ausweichen.

Respektieren Sie darüber hinaus das persönliche Territorium eines Menschen. Dazu gehören beispielsweise der Schreibtisch, der PC, der Kalender und alle persönlichen Dinge, etwa Handtasche und Aktentasche. Legen Sie nicht einmal etwas auf einen fremden Schreibtisch, was da nicht hingehört.

Im Theater, im Kino oder im Flugzeug nimmt jeder höfliche Mensch nur eine Armlehne in Anspruch. Und auch im Restaurant hat man sich auf eine nonverbale Teilungsvereinbarung eingelassen, wenn man sich zu anderen an den Tisch setzt – Halbe-Halbe.

Es kommt allerdings auch vor, dass Menschen ganz bewusst in die intime Distanz-zone des anderen eindringen, um Dominanz deutlich zu machen. Wer da in die Schulter-an-Schulter-Position übergeht, ist allemal besser beraten als derjenige, der zurückweicht.

Körperhaltung mit Rückgrat

Welche Körperhaltung gilt als empfehlenswert? Worauf auch immer sich Menschen bei einer Begegnung mit fremden Menschen konzentrieren, es sind die Äußer-lichkeiten, die darüber entscheiden, ob man als kompe-tent, einflussreich, vertrauenerweckend, authentisch, glaubwürdig, sympathisch eingeschätzt wird. Nicht nur ein gepflegtes Aussehen und die angemessene Klei-dung sind da von Bedeutung, sondern auch, und sogar ganz entscheidend, die Kör-perhaltung – eine korrekte Körperhaltung.

Bei der korrekten Körperhaltung halten Sie sich so aufrecht wie möglich, wobei die Schulterblätter etwas nach unten zusammengezogen werden. Der Rücken sollte also im Stehen und Sitzen möglichst gerade aussehen, ohne dass es stocksteif und unnatürlich wirkt. Suchen Sie insbesondere im Zentrum Ihres Körpers einen festen Halt und suchen Sie eine stabile Standposition.

Die Arme und Hände sollten bei Frauen und Männern nach Möglichkeit sichtbar sein und weder vor dem Bauch verschränkt noch hinter dem Rücken verborgen werden und schon gar nicht in den Taschen – welcher Art auch immer – verschwinden. Gesten sollten möglichst sparsam eingesetzt werden und vorwiegend im Oberkörperbereich bleiben. Je sicherer Sie Ihre Gesten von der Körpermitte ausgehend ausführen, umso souveräner und professioneller wirken Sie. Freiherr von Knigge formulierte es so: «... die Gebärdensprache [soll] edel sein; man soll nicht [...] wie Personen aus der niedrigsten Volksklasse mit Kopf, Armen und andern Gliedern herumfahren [...] oder immer etwas zu spielen zwischen den Fingern haben.»

Die Beine sollten sowohl im Sitzen als auch im Stehen ungefähr hüftbreit aufgestellt sein – bei Männern etwas weiter auseinander, bei Frauen etwas näher zusammen. Die Beine sollen im Sitzen möglichst dicht am Körper bleiben. Sie dürfen übereinandergeschlagen werden, aber niemals zu breitbeinig aufgestellt oder gar vom Körper weg ausgestreckt werden. Männer sollten nicht den einen Fuß auf das Knie des anderen Beines legen, was besonders unschön ist, wenn andere Menschen an ihnen vorbei müssen. Auch bei Frauen sieht es eleganter aus, wenn sie mit beiden Füßen auf dem Boden stehen und die Beine leicht schräg stellen, anstatt die Beine übereinanderzuschlagen. Wenn Sie einen Rock tragen, sieht diese Sitzhaltung – mit parallel nebeneinander stehenden Beinen – allemal femininer aus als alle anderen. Männer und Frauen sitzen – insbesondere in wichtigen Situationen – korrekt, wenn sie blitzartig aufstehen können, ohne sich erst mühsam aus der Sitzposition heraushangeln zu müssen.

Beim Einsteigen in ein Auto ist es für Frauen empfehlenswert, sich zunächst hinzusetzen und erst dann beide Beine gleichzeitig ins Auto zu nehmen. Zumindest im Rock und vor allem mit einem festlichen langen oder kurzen Rock ist das immer eleganter – auch beim Aussteigen.

Aus der Haltung im Stehen und Sitzen leitet sich auch die empfohlene Haltung für das Gehen ab, die ebenso aufrecht, natürlich und sogar ein wenig dynamisch, jedoch nicht ausladend sein soll.

Weder allein noch in Gesellschaft sollten Frauen und Männer vergessen, beim Gähnen, Husten oder Niesen die linke Hand – möglichst mit einem Taschentuch – vor den Mund zu halten. Das ist nun allerdings auch das Einzige, wozu Sie die Hände in Gesichtnähe bringen sollten. Es gilt nämlich als ausgesprochen unfein, sich selbst ins Gesicht zu fassen, durch die Haare zu fahren und prinzipiell auch sonst den eigenen Körper mehr als nötig zu berühren.

Parfüm – teure Qualität sparsam dosiert

Wie sollten Düfte angewendet werden? Wie der Kleidung, der Stimme und der Sprache, die zur Einschätzung eines Menschen entscheidend sind, kommt auch dem Geruch eine subtile, aber zentrale Rolle zu. Wie eine angemessene Kleidung, eine angenehme Stimme und eine kultivierte Sprache haben individuelle Düfte nämlich auf eine eher tückische Art und Weise großen Einfluss auf den ersten Eindruck, den man sich von einem fremden Menschen macht – *man kann ihn riechen* oder *man kann ihn nicht riechen.*

Dass selbstbewusste, rücksichtsvolle und kultivierte Menschen auf ihre Körperpflege und Hygiene achten und jeglichen Körper- und Mundgeruch zu vermeiden trachten, wird selbstverständlich sein. Darüber hinaus bemühen sich die meisten Menschen darum, mit verschiedenen Duftnoten noch das gewisse Etwas ihrer Persönlichkeit zu unterstreichen.

Unverzichtbare Basis für ein Parfüm ist ein zuverlässiges Deo, das bestenfalls nach gar nichts riecht. Idealerweise wird Parfüm nämlich als Solist verwendet, so dass nicht nur das Deo, sondern auch Haarspray und Körperlotion in den Hintergrund treten sollten. Welches Parfüm für den Einzelnen geeignet und empfehlenswert ist, ist nun sehr individuell und nicht nur vom Geschmack, sondern auch vom Alter, von der Persönlichkeit, vom Anlass und von der Tageszeit abhängig zu machen. Zu verallgemeinern ist dagegen, dass ein empfehlenswertes Parfüm wertvoll und somit teuer ist. Ein solches Parfüm besteht aus kostbaren Rohsubstanzen. Die verschiedenen natürlichen Duftstoffe und synthetischen Produkte, die ja den Duft erst leicht und transparent machen, werden in einem aufwendigen Prozedere zusammengebracht, und durch den Zusatz eines Fixateurs wird die gewünschte Intensität, die Haltbarkeit und das Haftvermögen erreicht. Mindestens 30 und bis zu mehrere Hundert verschiedene Duftkomponenten beinhaltet ein fertiges Produkt. Bei Parfüms in exzellenter Qualität wird der Duft dann über den ganzen

Tag hinweg als angenehm auf der Haut erlebt – entweder bleibt der Geruch linear und somit auch stabil oder aber er verändert sich gewollt. Düfte, die bewusst nicht linear sind, wechseln von frischen zu warmen Noten, sie konservieren also den Duft nicht. Um diesen Wechsel zu erleben und um den ganz individuellen Duft, den das Parfüm auf der eigenen Haut entfaltet, herauszufinden, sollte man das Parfüm zunächst einige Stunden auf der Haut lassen und sich erst dann für oder gegen den Kauf eines Flakons entscheiden – nachdem man sich in das Parfüm hineingerochen hat. Unmittelbar nach dem Auftragen eines Parfüms wird nämlich zuerst die *Kopfnote* wirksam; in dieser Phase verdunsten –

verduften – der Alkohol und die flüchtigsten Bestandteile. Diese Phase ist für den Kauf von Parfüm besonders wichtig, weil die Käufer sich quasi über die Kopfnote einen ersten Eindruck von dem Parfüm bilden. Nach etwa 20 Minuten entfaltet sich dann die sogenannte *Herznote*, bei der sich u. a. zeigt, ob sich der Duft verändert oder nicht. Dieser wenige Stunden anhaltenden Duftphase folgt dann die *Basisnote* – «das was hinten auf der Haut drauf bleibt», wie die weltweit gefragte deutsche Parfümeurin Ursula Wandel es formuliert. Die Basisnote sollte bei einem guten Parfüm über den ganzen Tag auf der Haut haften bleiben. Hauptgeruchsträger sind lang haftende Bestandteile, schwer flüchtige Stoffe wie Moschus, Ambra, Iris und Vanille.

Neben der 1A-Qualität ist auch die perfekte Dosierung dafür entscheidend, ob das Parfüm ein Erscheinungsbild aufwertet oder das Gegenteil erreicht. Gut entwickeln sich Düfte auf der gereinigten und neutral riechenden Haut am Hals, an den Handgelenken und im Haar – mit zwei bis drei Tupfern oder mit ebenso vielen Sprühstößen. Wenn man das Parfüm nach 10 Minuten noch selbst indirekt, also um sich herum, riecht, war es meist zu viel des Guten. Das zu erkennen fällt schwerer, wenn sich die Nase bereits an das Parfüm gewöhnt hat, nachdem man es über einen langen Zeitraum verwendet hat, oder wenn das Geruchsempfinden aus anderen Gründen beeinträchtigt ist.

Menschen, die Düfte auf der Haut lieben, werden meist verschiedene Düfte benutzen und diese je nach Stimmung, Anlass und Tageszeit wählen, und sie werden immer darauf achten, dass dieser Duft auch von ihren Mitmenschen als angemessen und angenehm empfunden wird – beispielsweise mit einem leichteren Parfüm für den Tag, einem mittelschweren für den Abend und mit einem besonderen für den besonderen Auftritt – jeweilig sparsam dosiert.

PS: Das Wort Parfüm kommt aus dem Lateinischen: *per fumum* – zu Deutsch *durch den Rauch.*

Männerjacken werden anbehalten

Völlig unproblematisch ist das Ohne-Jacke-Dastehen nur, wenn Sie ganz allein sind. Für alle anderen Situationen entscheiden darüber die Umstände – Situation, Ereignis und Ihre Rolle. Ausziehen dürfen Sie Ihre Jacke auch dann unbesorgt, wenn Sie in informellen Situationen von der in der Situation ranghöchsten Person dazu aufgefordert werden. Diese Person ist in beruflichen Situationen der oder die Vorgesetzte, bei Einladungen die Gastgeberin oder der

Wann sollte man sein Jackett schließen und wann kann man es ablegen?

alleineinladende Gastgeber und ansonsten der oder die deutlich Ältere beziehungsweise eine ungefähr gleichaltrige
Frau. Andernfalls müssen Sie – wenn
Sie nicht Gefahr laufen wollen, als unhöflich oder respektlos zu erscheinen
– die Jacke so lange anbehalten, bis
Sie wieder in den eigenen vier Wänden
sind.

Hintergrund dieser Strenge ist die Vor-
geschichte heutiger Herrenhemden.
Moderne Oberhemden mit durchge-
knöpfter Brust gibt es ja erst seit Ende
des 19. Jahrhunderts. Vorher zog der
Herr das ebenfalls als Teil der Ober-
bekleidung geltende Herrenhemd über den Kopf und bis in das 18. Jahrhundert
hinein bestand dieses Kleidungsstück sogar nur aus Kragen, Vorderpartie und Är-
melstulpen, so dass es als Teil der Unterwäsche unter der Oberbekleidung getragen
wurde. Macht man sich also bewusst, dass das Oberhemd mal ein Unterhemd war,
wird deutlich, warum noch heute an der Konvention festgehalten wird und es nach
wie vor als unfein und stillos gilt – vor allem in Gegenwart von Frauen –, sich
unaufgefordert der Jacke zu entledigen. Auch mit offener Jacke steht der Mann
sozusagen in Unterwäsche vor ihr.

Männerjacken sollten also nicht nur angezogen, sondern auch im Stehen geschlossen bleiben bzw. beim Aufstehen geschlossen werden, um zu signalisieren: *Ich ord-
ne für Sie meine Kleidung.* Nur, wie?

Einreiher werden üblicherweise beim Sitzen geöffnet und beim Aufstehen automatisch wieder geschlossen. Bei Jacken, die mit nur **zwei Knöpfen** geschlossen
werden, ist es richtig, nur einen Knopf zu schließen, den oberen. Handelt es sich
um eine **Drei-Knopf-Jacke**, wäre die moderne Variante, den mittleren und auch
den oberen Knopf zu schließen – so machen es die Italiener. Der obere Knopf darf
aber auch offen bleiben, das ist die konservative Variante der Engländer; sie schließen nur den mittleren Jackenknopf. Entscheiden Sie nach Ihrer Figur und nach
Jackenschnitt darüber, was Ihnen am besten steht. Auch bei der **Vier-Knopf-Jacke**
haben Sie die Wahl, die drei oberen oder die zwei mittleren Knöpfe zu schließen. Bei einer **Jacke mit fünf Knöpfen** sollen alle Knöpfe bis auf den untersten
geschlossen werden.

Zweireiher – auch Doppelreiher genannt – werden immer geschlossen gehalten, wobei die Knöpfe auch im Sitzen nicht geöffnet werden sollen. Auch **dreiteilige Anzüge** bilden keine Ausnahme. Die Jacke bleibt trotz darunter getragener Weste geschlossen, wobei bei der **Weste** der untere Knopf nicht geschlossen wird.

Zwar gelten diese Regeln zur offenen Jacke in dieser Strenge nicht für Frauen, vor allem nicht mit der gleichen Assoziation. Doch auch ihnen wird empfohlen, insbesondere bei offiziellen und gesellschaftlichen Anlässen, die Jacke im Stehen geschlossen zu halten. Es sieht nicht nur angezogener aus, sondern wirkt sofort professioneller.

PS: Das richtige Männerjackenknöpfe-Schließen verrät einerseits als Code, ob in der Kinderstube des Trägers solche Kleidungsstücke vorkamen, und andererseits sitzt eine korrekt geschlossene Männerjacke im Stehen einfach besser.

Hemden müssen passen

Welches Hemd zu einem Anzug passt, hängt einerseits von dem Anzug ab und andererseits, wie so oft, vom Anlass.

Wie sieht ein zum Anzug passendes, gut sitzendes und qualitativ hochwertiges Business-Hemd aus?

Bei einer Kombination aus Hose und Jacke – aus in Muster und/oder Material unterschiedlichem Stoff gearbeitet – und bei einfachen Straßenanzügen handelt es sich um die halboffizielle Geschäftskleidung. Dazu können Sie ohne Weiteres dezent karierte oder gestreifte Hemden wählen, auch etwas kräftigeres Hellblau ist nicht falsch. Solche Hemden sind mit einfachen Manschetten und mit nahezu allen Kragenformen, vom Kent- und Haifischkragen über Tab-Kragen bis zum Button-down-Kragen, gearbeitet. Das typische Holzfäller-Hemd mit buntem Karo – oft aus Flanell – passt allerdings selbst dann nicht.

Dagegen kommt für die hochoffizielle Geschäftskleidung und für den *dunklen Anzug* kein auch noch so dezent kariertes Hemd in Frage. Zur hochoffiziellen Geschäftskleidung, wie sie üblicherweise in den Führungsetagen von international agierenden Konzernen, multinationalen Unternehmen und im Bankgeschäft getragen wird, passt ein schlicht weißes, allenfalls fast weißes Hemd mit Doppelmanschetten und Manschettenknöpfen optimal. Charakteristisch sind für ein solches Hemd zudem Perlmuttknöpfe, das Fehlen aufgesetzter Taschen und steife Kragenschenkel. Die Kragenstäbchen aus Plastik können durch solche aus Silber oder Perlmutt ersetzt werden. Leider sieht man immer wieder – gerade im

Sommer – einen ganz groben Stilfehler: das kurzärmelige Hemd unter einer Jacke. Kurzarmhemden sind, unabhängig von Material, Farbe und Design, ausschließlich Freizeithemden, die entweder solo oder allenfalls unter einem Pullover getragen werden dürfen. Dann aber niemals mit Krawatte und nie unter einer Jacke.

Männerjacken wurden in ihrer Geschichte nie direkt auf der Haut getragen und sollen auch heute – quasi aus historischen Gründen – an keiner Stelle die Haut berühren. Daher sitzt ein Hemd erst dann richtig, wenn sein Kragen circa 1 bis 1,5 cm über den Jackenkragen reicht und die Hemdärmel – mit oder ohne Doppelmanschetten – etwa 1 bis 1,5 cm unter dem Jackenärmel hervorschauen. Die Manschette sollte beim Beugen des Arms nicht in den Jackenärmel hineinrutschen.

Und noch etwas: Da das Hemd die unterste sichtbare Lage der Kleidung ist, sollte möglichst unter dem Oberhemd kein sichtbares Unterziehhemd getragen werden – das würde die Optik sehr stören.

Passt ein Hemd perfekt, dann wirft es unter der Jacke keine Falten, es spannt nicht über der Brust oder an Bauch und Rücken, und der oberste Kragenknopf muss nie aufgrund eines zu engen Kragens geöffnet werden. Das ist sowieso ein schlimmer Kleider-Fauxpas: geöffneter Kragenknopf unter einem gelockerten Krawattenknoten. Ein schlecht sitzendes Hemd gilt als Zeichen dafür, dass das Hemd nicht mehr oder noch nicht passt. Hemden aus der Maßkonfektion müssen übrigens keinen Cent teurer sein als ein Hemd von der Stange. Dafür sind sie allemal passender.

Farbtupfer für Männer – weniger ist mehr

Muss man zur Krawatte bzw. Fliege ein Einstecktuch kombinieren?

Nicht erst seit Anfang des 17. Jahrhunderts, seit die ersten Vorläufer der heutigen Krawatte bekannt sind, tragen Männer, die etwas auf sich halten, irgendetwas Schmückendes um den Hals. Doch erst seit 1924 existiert die moderne Krawatte in der bis heute bekannten Form, die seitdem nach der patentierten Methode des New Yorkers Jesse Langsdorf hergestellt wird.

Eine gute Krawatte ist immer noch aus drei Teilen gefertigt, die in einem Winkel von 45 Grad zur Laufrichtung zugeschnitten wurden. Diese drei Teile müssen nicht mit der Hand zusammengenäht worden sein, doch man wird bei genauem Hinsehen die Nahtstellen zwischen den drei Einzelteilen erkennen können. Eine gute Krawatte ist aus reiner Seide. Andere Materialien sollten zum Anzug gar nicht in Frage kommen. Bei offiziellen Anlässen oder im Berufsleben sollten ausschließ-

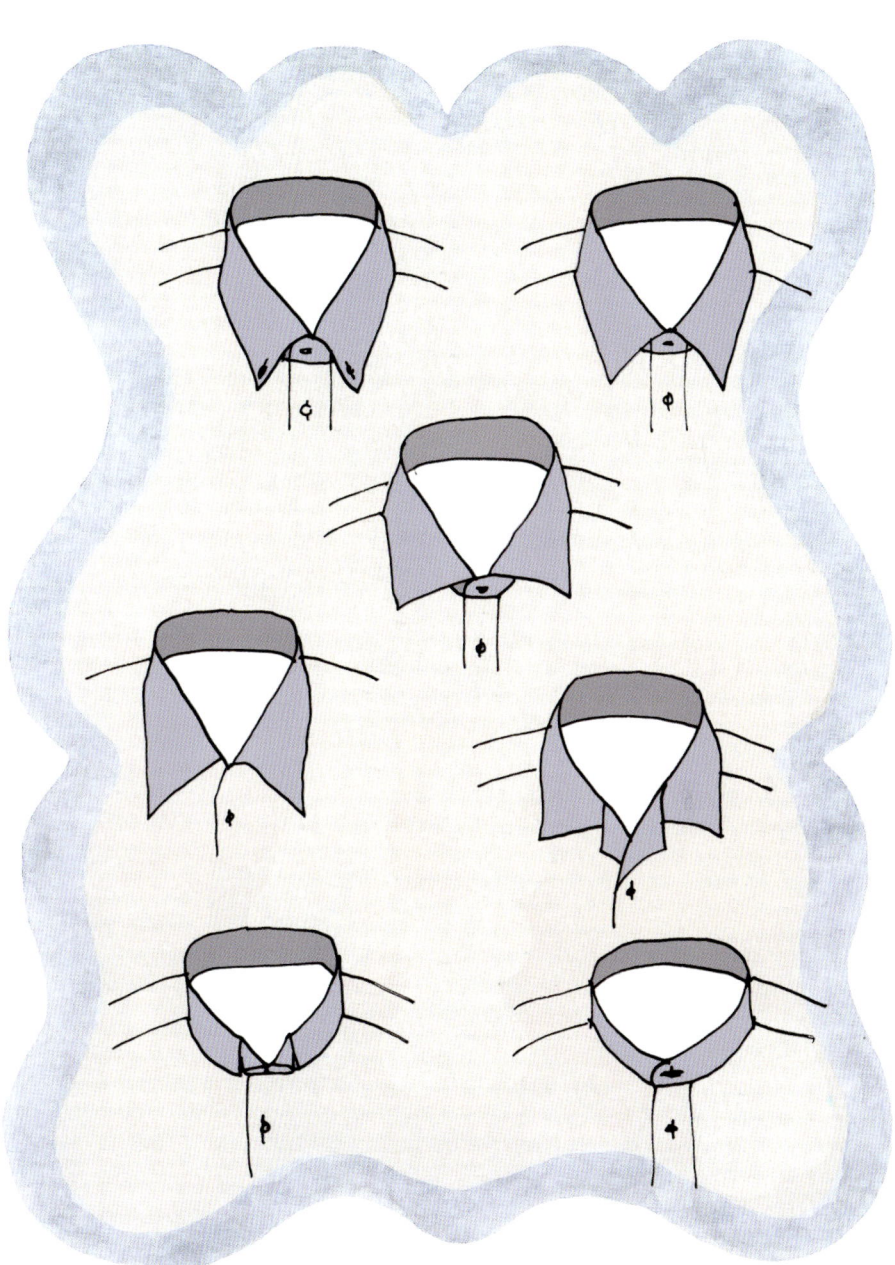

lich Seidenkrawatten höchster Qualität mit klassischen, schlichten Mustern gewählt werden. Selbst bei dieser für den Mann fast ausschließlichen Möglichkeit,
über die Kleidung Individualität zum Ausdruck zu bringen, bevorzugt er somit
Understatement – *less is more.*

Zu einem *dunklen Anzug* gehört ausschließlich eine dezente Seidenkrawatte,
während zu anderen Anzügen und Kombinationen Mutige und Individualisten
auch – als einzige Alternative zur Krawatte – eine farbige Schleife tragen können.

Da nun aber fertiggebundene Fliegen einfach indiskutabel sind, das Schleifenbin-
den für viele Männer mit der Zeit dann aber doch eine zu große Mühe darstellt,
verzichten sie auch schnell wieder auf den Blickfang als persönliches Markenzei-
chen. Zudem wirken Männer, die Schleife tragen, heute immer etwas darstelle-
risch, und der Träger muss schon auffallen und hervorragen wollen. Er ist nämlich wahrscheinlich der Einzige weit und breit mit einer Schleife. Zwar gab und
gibt es ganz außergewöhnlich hervorragende Persönlichkeiten des politischen
und gesellschaftlichen Lebens, die konsequente Schleifenträger waren oder sind,
doch nur wenige Männer tragen ihre Schleife im Alltag so, dass ihnen nicht ein
gewisses Maß an Verschrobenheit und Extravaganz unterstellt wird.

Ob nun mit oder ohne Krawatte oder Schleife, Einstecktücher können immer
getragen werden. Doch erst in der Art und Weise, wie ein Einstecktuch getragen
wird, offenbart sich, ob ein Mann in Stilfragen – oder sogar in seinem modischen
Selbstbewusstsein – sicher oder unsicher ist. Das Einstecktuch, auch Pochette
genannt, ist nämlich erst das Tüpfelchen auf dem i und passt immer, wenn eine
Jacke getragen wird, auch zur Sportjacke. Entweder wird es wie zufällig hinein-
gesteckt in der Brusttasche drapiert – dann ist es am besten aus Seide –, oder es
wird so gefaltet, dass die gerollte Kante sichtbar bleibt. Jedenfalls muss es locker
aussehen.

Erlaubt ist zudem, was gefällt, nur nicht die fertiggefalteten Tücher und solche,
die im Kombipack mit der vermeintlich passenden Krawatte oder Schleife, meist
aber mit einer Fliege, angeboten werden. Es gilt als ein peinlicher Fauxpas, wenn
das Einstecktuch das Design der Krawatte aufweist oder in Farbe und Design zur
Krawatte passt. Vielmehr soll im Idealfall die Kombination von Hemd, Jacke und –
wenn sie getragen werden – Krawatte oder Schleife gefunden werden, die zugleich
interessant und harmonisch, innovativ und klassisch, elegant und modern ist. Ein
weißes Leineneinstecktuch passt dagegen immer zum weißen Hemd und ist zum
dunklen Anzug die erste Wahl. Zum Smoking ist es die **einzige Wahl.**

Krawattenknoten für jeden Geschmack

«Ist es nicht Wahnsinn, eine Krawatte zu tragen, das heißt, den Kopf in eine Schlinge zu stecken, die jeder zuziehen kann?», meinte der Tiroler Schriftsteller Otto Grünmandl 1924. Da ist

Welche Krawattenknoten gibt es?

was dran. Dennoch ist die Krawatte das wohl männlichste und traditionsreichste Kleidungsstück. Und sie bietet eine der wenigen Möglichkeiten für den Mann, Geschmack und Stil zu beweisen. Frauen haben da selbst in konservativen Chefetagen eine weit größere Auswahl – sei es durch verschiedene Farben und Schnittmuster für den Stoff ihres Kostüms oder durch interessanten Schmuck. Dem Mann bleiben die Krawatte und das Einstecktuch. Trotz aller Argumente, die gegen die Krawatte bekannt sind, ist sie bei einem elegant gekleideten Mann nicht wegzudenken.

Es gibt zwar mehr als 85 bekannte Möglichkeiten, einen Krawattenknoten zu binden, doch vor allem muss er zum Hemdkragen passen, während der Hemdkragen einerseits zum Hals und andererseits zum Anlass passen soll. Ein Krawattenknoten sollte ferner weder zu fest zugezogen noch zu locker gebunden werden. Ganz wichtig ist außerdem, dass der Kragenknopf unter einer Krawatte immer geschlossen bleibt – und immer offen bleiben muss, wenn das Hemd ohne Krawatte getragen wird.

Hier sollen die meistgebräuchlichen Knoten-Varianten vorgestellt werden:

Den **American** kennt man in den USA unter dem Namen *Shelby*. Er ähnelt von der Form her etwas dem Windsor und empfiehlt sich vornehmlich für kurze, gefütterte Krawatten.

Der **doppelte Knoten** erhält durch seine zweifache Bindung eine recht kompakte Form. Dieser interessante Knoten ist sehr leicht zu lernen und eignet sich besonders für leichte, ungefütterte und nicht zu kurze Krawatten.

Der **Four-in-Hand** – auch *einfacher Knoten* oder *altdeutscher Knoten* genannt – ist besonders für Einsteiger geeignet, aber nicht nur. Er passt nämlich als Alleskönner nicht nur zu Seidenkrawatten, sondern auch zu anderen Materialien, zu allen Krawattenlängen, zu schmalen wie breiten Kragenformen und vor allem auch zu allen Anlässen. Durch seine längliche, asymmetrische Form streckt er die Halspartie.

Der **Free Style** ist ein recht leicht zu erlernender Knoten. Mit wenig gefütterten Seidenkrawatten gelingt dieser sehr attraktive Knoten besonders gut.

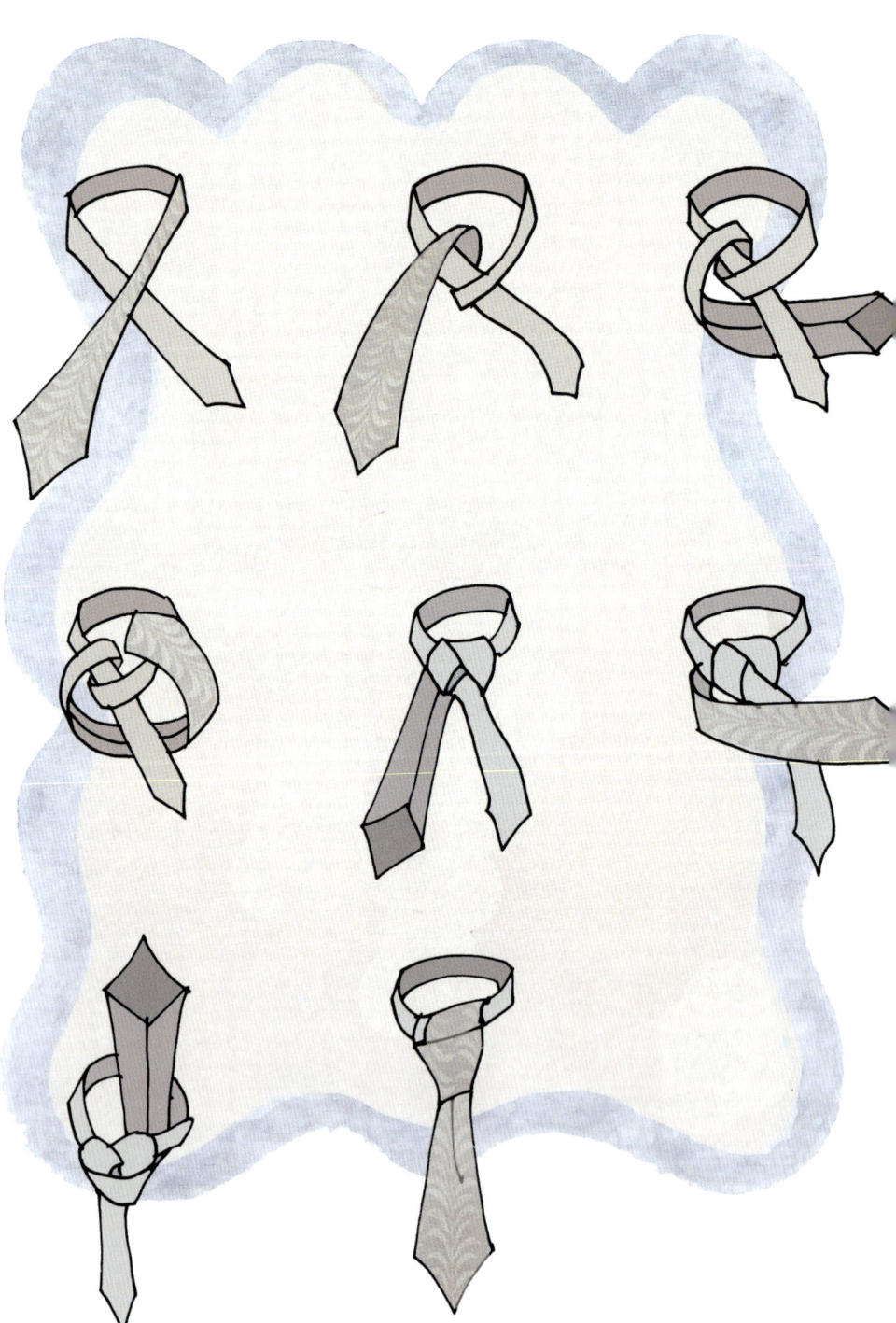

Er kombiniert Elemente des *Windsor* und des *Four-in-Hand* in einer feinen Bindetechnik.

Ein sehr schlankes Knotendreieck bildet der sogenannte **New Classic**. Dieser elegante Knoten braucht allerdings etwas Übung, bis er formvollendet gelingt, und ist besonders geeignet für mittelschwere, nicht zu lange Krawatten.

Der Klassiker unter den Krawattenknoten ist wohl der **Windsor**. Der Windsorknoten ist ein symmetrischer und voluminöser Knoten, der die Halspartie optisch stark verkürzt; er wirkt daher etwas langweilig. Mit dickem Futter nimmt der Windsorknoten beinahe unverantwortliche Ausmaße an und führt zumindest bei schmalen Krawatten zu keinem schönen Ergebnis.

Auch was die – immer von Hand – gebundene Schleife anbelangt, haben Herren die Qual der Wahl bei den unterschiedlichen Möglichkeiten, sie zu binden.

PS: *Schlips* wurden ursprünglich lediglich die beiden Enden der Krawatte genannt, als die Krawatte noch von Hand gefaltet werden musste.

Jeans ist nicht *casual*

Sobald Sie auch nur darüber nachdenken, ob eine Jeans wirklich für die Situation, für die Personen oder für Ihre Rolle angemessen ist, sollten Sie sich unbedingt dagegen entscheiden. In vielen Situationen gelten Jeans heute nämlich immer noch als Kleidungsstück zweiter Klasse. Zwar ist die Jeans längst nicht mehr die billige Arbeitshose ihrer Anfangsjahre, sondern als Basic für die Freizeitkleidung bereits in beste Kreise aufgestiegen, doch bei offiziellen privaten, geschäftlichen und gesellschaftlichen Anlässen ist sie nach wie vor zumindest umstritten.

Gibt es heute noch Gelegenheiten, bei denen man keine Jeans tragen kann?

Erst mit dem Wechsel vom Gammellook zur Edeljeans in den Achtzigerjahren schaffte die Jeans den Siegeszug in beinahe jeden Kleiderschrank und somit zur allgemeinen Akzeptanz als Freizeitkleidung. Dieser Imagewandel beschränkt sich jedoch nach wie vor allein auf die Freizeit und nicht etwa auf andere Bereiche des gesellschaftlichen Lebens. Bis heute jedenfalls hat die Jeans – egal, wie edel und in welcher Farbe sie von Designern entworfen wurde, und egal, wie ausgesucht sie mit Blazer und Hemd oder Bluse kombiniert wird – nie den Sprung in konservative Geschäftskreise geschafft.

Insbesondere in ihrem Herkunftsland Amerika sind Jeans zwar selbstverständlicher Bestandteil der Alltagsbekleidung, doch würden sich erfolgreiche Mitarbeiter und Führungskräfte keinesfalls in Büros mit ihr blicken lassen. Zwar sind in vielen Branchen hierzulande die Übergänge von Wochenend- und Bürokleidung fließender geworden, doch weder zum Vorstellungsgespräch noch zu Präsentationen oder auf den Chefetagen wird man branchenübergreifend Jeansträger finden können. Und das ist nicht nur hier so, sondern auf der ganzen Welt.

Als Freizeitkleidung dagegen können die Jeans als Hosen in allen Variationen, als Jacken und Mäntel und sogar als Rock oder Kleid mittlerweile variabel kombiniert werden. Dabei sind Designerjeans heute mindestens ebenso beliebt wie der Klassiker Levi's 501 – für Männer genauso wie für Frauen jeden Alters.

Perfekt passen zu Jeans immer Polos, Button-down-Hemd, Pullover solo oder über dem Hemd getragen, Sportjacke oder Blazer, Bootsschuhe oder Loafer. Unpassend zu Jeans sind Oxfordschuhe sowie Hemden mit Manschettenknöpfen, und es ist auch nicht stimmig, zu Jeans eine Krawatte zu tragen.

Bei allen Abendeinladungen, Theater-, Opern- oder klassischen Konzertbesuchen, in Gourmetrestaurants und bei offiziellen Anlässen sollte man sich daher immer gegen Jeans entscheiden. Auch die Kleidervermerke *casual* oder *smart casual* erlauben nicht die Wahl einer Jeans, obwohl man es anders vermuten könnte.

Anzug – ohne Kompromisse

Darf man unter dem Anzug ein T-Shirt tragen? Der Anzug für Männer ist nicht einfach ein Anzug. Er ist mit einer großen Zahl Codes behaftet, die für andere – vielleicht für Entscheider – ein deutliches Signal dafür sind, ob der Anzugträger quasi mit diesem Kleidungsstück aufgewachsen ist oder ob er sich mit dem Tragen des Anzugs auf völlig fremdes Parkett begeben hat. Diese Codes sind eindeutig und gelten auf der ganzen Welt – überall dort, wo Herrenanzüge getragen werden.

▶ Selbstredend muss ein Anzug perfekt auf die Person geschnitten sein, das ist die Hauptsache. Dass er weder zu klein noch zu groß sein darf, muss wohl nicht betont werden.

▶ Man spricht erst von einem Anzug, wenn Hose, Jacke und gegebenenfalls Weste aus dem gleichen Stoff gefertigt sind.

Über den ganzen Tag hinweg, in Situationen mit eher informellem Charakter oder sowie in offiziellen Situationen passend und zwingend dann am Abend ab 19.00 Uhr sind dunkle Farben: Dunkelblau bis Dunkelgrau (uni oder mit feinen Nadelstreifen).

Braun- und Grüntöne und ähnliche Farben sind igrundsätzlich nicht zu empfehlen, Schwarz nur für traurige Anlässe und für Feierlichkeiten anlässlich akademischer Ehrungen – egal, ob Sommer oder Winter; egal, ob draußen oder drinnen.

▶ Zu einem Anzug gehört immer ein langärmeliges weißes oder hellblaues Hemd, wobei die Manschetten – eleganter sind Doppelmanschetten mit Manschettenknöpfen – und auch der Hemdkragen ca. 1,5 cm aus der Anzugjacke hervorschauen.

▶ Zu einem Anzug gehört immer eine Krawatte, die so gebunden ist, dass sie auf der Gürtelschnalle endet. Wer keine Krawatte oder alternativ eine Schleife tragen möchte, sollte auch keinen Anzug tragen, sondern eine Kombination aus Hose und anders gearbeiteter Jacke. Doch zum *dunklen Anzug* beziehungsweise zum hochoffiziellen Geschäftsanzug passt auch die Schleife nicht. Da ist nun mal die Krawatte zwingend.

▶ Zu einer als Doppelreiher geschnittenen Anzugjacke gehören Hosen mit Umschlag. Da Hosen mit Umschlag nicht so elegant sind wie solche ohne Umschlag, ist der Doppelreiher auch kein eleganter *dunkler Anzug*.

▶ Bei der Anzugweste, die den Anzug ja erst komplett macht, wird der untere Knopf offen gelassen.

▶ Die Anzugjacke ist im Stehen immer geschlossen zu halten.

▶ Lange Strümpfe und Schnürschuhe mit Ledersohle sollen sowohl farblich als auch den Stil betreffend zum Anzug passen. Stiefel und Stiefeletten passen nie. Kurze Socken auch nicht.

Und wenn Sie obendrein noch die Hände nicht in den Hosentaschen verschwinden lassen, ist Ihr Auftritt – von außen betrachtet – bereits fast perfekt. Accessoires verraten dann allerdings auch noch einiges: über Stil und über den

Geschmack, manchmal auch über den Charakter oder überregionale und nationale Besonderheiten – egal, ob sie bewusst gesetzte Akzente sind oder ob sie eher zufällig gewählt wurden.

PS: Auf das T-Shirt unterm Anzug muss man gar nicht eingehen – das ist völlig indiskutabel.

Button-down-Kragen

Wann und wie trägt man Button-down-Hemden?

Die Kragenform ist das wesentliche Stilmerkmal eines Herrenhemdes und dennoch unterscheidet man prinzipiell nur zwischen Stehkragen und Umlegekragen. Der Stehkragen – bis zum Ende des 19. Jahrhunderts in vielen Variationen vorherrschend – wurde nach und nach vom Umlegekragen abgelöst und seit den Dreißigerjahren des vergangenen Jahrhunderts beinahe nur noch zum Smoking oder Frack getragen. Heute unterscheidet man etwa ein Dutzend klassische Umlegekragenformen, zu denen immer auch eine Krawatte getragen werden kann – manchmal auch getragen werden *muss*. Immer dann nämlich, wenn das Hemd (damit ist ausschließlich ein langärmeliges Hemd gemeint) zum *dunklen Anzug* und/oder wenn es mit Manschettenknöpfen getragen wird. Kurzärmelige Hemden werden nie mit einer Krawatte und nie unter einer Jacke getragen. Gleiches gilt natürlich auch für derbe Hemden – Holzfäller-Hemden beispielsweise.

Folglich kann auch zum sogenannten Button-down-Kragen eine Krawatte getragen werden. Doch diese Kragenform sollte eher ohne Krawatte (dann natürlich offen) getragen werden, da sie weit weniger förmlich wirkt, als alle anderen Kragenformen. Das liegt vor allem an der weichen Beschaffenheit des Button-down-Kragens und an der Sportlichkeit der angeknöpften Kragenspitzen. Außerdem ist der Stoff eines solchen Hemdes meist farbig, gemustert und insgesamt nicht gar so elegant gefertigt. Dass zum Button-down-Kragen keine Krawatte getragen werden soll, stammt wahrscheinlich aus der Zeit, als solche Hemden in den Achtzigerjahren hier in Mode kamen und lediglich mit dunkelblauen, echten Levi's 501 getragen wurden.

Ein Hemd mit Button-down-Kragen gehört keinesfalls zum *dunklen Anzug* und auch nicht zur hochoffiziellen Geschäftskleidung. Hemden mit Button-down-Kragen passen besonders bei freizeitlichen und informellen Anlässen und auch dann, wenn der Dresscode *casual* oder *smart casual* heißt. Sogar ganz sportliche Versionen, wie beispielsweise das Tattersallcheck-Hemd, kann dann passend sein.

Seine Kleidersünden

Das äußere Gesamtbild eines Menschen und somit auch die Kleidung war seit eh und je Bestandteil seiner Kultur und somit einem stetigen Wandel unterworfen. Doch über die Zeiten hinweg und überall auf der Welt diente die Kleidung auch als Unterscheidungsmerkmal und Zeichen für die Zugehörigkeit zu bestimmten Schichten. Das ist heute nicht anders und wird im Zusammenhang mit bestimmten Kleiderordnungen für berufliche und gesellschaftliche Anlässe besonders deutlich.

Was sind denn die schlimmsten Kleidersünden für Männer?

Darüber hinaus ist die korrekte Kleidung auch dem jeweiligen Zeitgeist und natürlich der Mode unterworfen und somit – innerhalb gewisser Grenzen – vergänglich. Doch Mode hin oder her – Kleidersünden sind unabhängig von alledem. Kleidersünden sind nicht nur unabhängig von der Mode, sondern auch – sportliche und ähnliche Betätigungen mal ausgenommen – vom Anlass.

Zumindest sollten Sie sich als erwachsener Mann darüber im Klaren sein, dass Sie mit unpassender, derangierter oder geschmackloser Kleidung zumindest Gefahr laufen, nicht so gesehen zu werden, wie Sie gesehen werden wollen.

Indiskutabel sind:

► hochgekrempelte Jackenärmel

► helle, gar weiße oder zu kurze Socken

► bedruckte T-Shirts

► kurze Hosen

► zu lange oder zu kurze Hosenbeine

► undeutliche, weiche Bügelfalten oder ausgebeulte Hosenbeine oder -knie

► ungeputzte oder abgetragene Schuhe

► braune oder helle Schuhe zum *dunklen Anzug*

► Anzugjacke zu einer anderen Hose

► Stiefeletten zum Anzug

▶ *dunkler Anzug* ohne Krawatte

▶ dunkelblaues oder schwarzes Hemd mit Krawatte

▶ offener Hemdkragen unter der Krawatte oder geschlossener Hemdkragen ohne Krawatte

▶ kurzärmelige Hemden unter der Jacke

▶ Krawatte zum kurzärmeligen Hemd

▶ sichtbare Hosenträger

▶ Hose mit Gürtelschlaufe ohne Gürtel

▶ Jeans mit Bügelfalte

▶ bunte Schleife oder Fliege zum Smoking

▶ Krawatte zum Smoking

▶ Krawatte oder Fliege mit Gummiband

▶ Leder-, Strick-, Synthetik-, Baumwollkrawatte

▶ zu lange, zu kurze oder nachlässig gebundene Krawatte

▶ Gag-Motive

▶ Sandalen, Latschen, Turnschuhe oder zweifarbige Schuhe

▶ heraushängendes Futter, offene Nähte, fehlende Knöpfe

▶ sichtbare Piercings und Tätowierungen

▶ Goldkettchen, Panzerarmbänder, Ohrringe

▶ Handgelenktäschchen

▶ ungepflegt, unrasiert, ungebügelt, ungewaschen

Haben Sie ausreichend angemessene Kleidung für die wichtigsten immer wiederkehrenden Anlässe? Fühlen Sie sich mit Ihrer Kleidung in jeder Lebenslage wohl? Ist Ihre Kleidung von der Qualität und Stilform, die beruflich oder privat von Ihnen erwartet wird, und passt sie gleichzeitig zu Ihrem Typ? Unterstützt Ihr Aussehen das, was Sie über sich aussagen wollen? Ja? Dann bleiben Sie nur dabei.

Ihre Kleidersünden

Jeden Morgen beginnt für viele Frauen das Drama vor dem Kleiderschrank. Dabei wollen Sie sich einerseits in Ihrer Kleidung wohlfühlen und andererseits intuitiv mit der Wahl Ihrer Kleidung den sich auf der Stelle damit verbindenden Fragen begegnen:

Und welches sind die schlimmsten Kleidersünden für Frauen?

Wie möchten Sie von den Personen, denen Sie am Tag begegnen werden, gesehen werden? Wie sollen Sie wirken? Wie wollen Sie wirken? Und: Wie wirken Sie tatsächlich? Ist Ihr Aussehen stimmig zum Anlass, zu Ihrem Typ und zu Ihrer Rolle? Passt Ihr Aussehen zum Ereignis?

Egal, welche Antwort Sie täglich darauf haben, egal, welche Mode gerade angesagt ist: Vermeiden Sie folgende Kleider-Fauxpas oder seien Sie sich zumindest dessen bewusst, dass sie eine geschmackliche Gratwanderung darstellen – falls Sie nicht mehr unter Dreißig sind:

- ▸ zu enge, zu kurze, zu verspielte, durchsichtige Kleidung

- ▸ große Dekolletés und Korsagen am Tage

- ▸ bauchfreie Oberteile

- ▸ Spaghettiträger, Tops ohne Jacke

- ▸ Hosenröcke, Leggins, Shorts, Radlerhosen

- ▸ Tiger-, Leoparden-, Gag-Motive und wilde Muster

- ▸ Netzgewebe, Gold-, Silberlamé, Pailletten, Strass

- schwarze Strümpfe zu andersfarbiger Kleidung

- Nappalederkleidung (Hose, Rock)

- weiße Socken

- gar keine Strümpfe – nackte Beine

- undeutliche, weiche Bügelfalten oder ausgebeulte Hosenbeine oder -knie

- Stiefeletten zum Rock

- zu hohe Absätze, Sandalen, Clogs, Latschen, Flip Flops, Turnschuhe etc.

- schief getretene Absätze, ungeputzte Schuhe

- Anzug + Hemd + Krawatte als Männerkleidung

- billig wirkende Accessoires

- bunt gemusterte Schirme

- zu viel Schmuck, billig wirkender Modeschmuck (Strass)

- zu auffälliges bzw. zu viel Parfüm

- zu auffälliges Make-up am Tage

- lange knallrote Fingernägel und Nagelmodellage

- heraushängendes Futter, offene Nähte, fehlende Knöpfe

- sichtbare Piercings und Tätowierungen

- Schlabberlook

Und ein langes festliches Kleid am Tage zu tragen, ist auch ein Kleiderfauxpas.

Auch das, was Sie darunter tragen, geht niemanden etwas an. Ihre Wäsche sollte weder irgendwo herausschauen noch sich abzeichnen.

Klingt das zu streng? Mag sein, dass manches davon für manche von uns auch manchmal möglich ist. «Bei einer Frau zählt nicht nur, was ihr steht. Sondern auch, wozu sie steht», meinte dazu Peter W. Boveleth, Macher des Labels *Ambiente*. Vielleicht waren in den Neunzigerjahren bauchfreie Tops und Flip Flops im Hochsommer und kleine Piercings bei ganz jungen Frauen OK, aber oft finden schon die gleichen jungen Frauen Ähnliches bei etwas älteren Frauen vollkommen daneben. «Nichts ist kritischer als die Augen einer Frau – außer die Augen einer anderen Frau» – auch von Peter W. Boveleth.

Geschäftskleidung für Frauen – die Basics

Die Bekleidungsempfehlungen im Geschäftsleben sind zwar keineswegs über die Branchen hinweg einheitlich definiert. Gleichwohl gelten innerhalb eines Unternehmens fast immer bestimmte Bekleidungsgepflogenheiten, die innerhalb einer Branche – oft sogar weltweit – derzeit für die Mitarbeiter als verbindlich angesehen werden, wobei in den Chefetagen durchaus wieder andere Kleidercodes gelten können. Und in einer Bank beispielsweise gelten andere Codes als in der Modebranche. Es reicht aber nicht, dass Ihre Geschäftskleidung zur Branche passt, sie muss darüber hinaus auch zu Ihnen passen – zu Ihrer beruflichen Stellung, zu Ihrem Typ, zu Ihrem Alter und zu Ihrer Figur. Sowohl Ihr Aussehen als auch Ihr Verhalten müssen in Ihrer beruflichen Situation stimmig sein, damit Sie glaubwürdig, authentisch und auch kompetent wirken. Nur dann werden Sie erfolgreich sein können oder es zumindest leichter haben, erfolgreich zu sein.

Geschäftsoutfit für Frauen: Welche Kleidung ist immer richtig?

Fragen Sie sich, wie Sie sich selbst sehen und wie Sie gesehen werden möchten: als konservativ?, elegant?, kreativ?, originell?, extravagant? Sobald es im Beruf nicht völlig egal ist, was Sie anhaben, sollten Sie branchenübergreifend beachten, dass Sie erst korrekt gekleidet sind, wenn – auch im Hochsommer – Ihre Schultern bedeckt sind, das Dekolleté nicht zu tief blicken lässt, die Beine immer dezent bestrumpft und die Schuhe zumindest vorn immer geschlossen sind. Darüber hinaus bitte keine zu eng anliegende Kleidung, keine sehr kurzen Röcke und natürlich auch keine kurzen Hosen – egal, wie schön Ihre Beine sind, und egal, ob das modern ist oder nicht. Sandaletten gehören ebenfalls nicht ins Geschäftsleben, da sie nur ohne Strümpfe getragen werden, Sie aber nicht ohne Strümpfe ins Büro gehen. Auch bei den Mustern gilt immer: Weniger ist mehr. Wählen Sie dezente Muster.

Das war's auch schon – fast. Kompetenter und seriöser wirken Sie zudem, wenn Sie nicht zu stark geschminkt sind und nicht mehr als 7 Schmuckstücke gleichzeitig tragen. Im Büro sind Frauen obendrein am besten mit klassischem Kostüm oder Hosenanzug angezogen. Beides sollte von eleganter Farbe und aus fließendem Stoff sein, weil nur hochwertiges Material garantiert, dass ein Bürotag ohne Knitterfalten und ausgebeulte Hosenbeine überstanden werden kann. Nicht zuletzt noch eine Sache: Das, was drunter getragen wird, ist wichtig, soll aber für Ihre Kollegen und Chefs – Männer und Frauen – unsichtbar sein.

Trotz der vielen Bekleidungsregeln im Beruf können Frauen modern und feminin gekleidet sein, darüber hinaus mit stilvollen Accessoires individuelle Akzente setzen und selbst-bewusst Frau sein.

Und nur noch der Vollständigkeit halber: Kleidung und Schuhe sind immer topgepflegt, gewaschen, gereinigt, gebügelt und geputzt.

Geschäftskleidung für Männer – die Basics

Den Slogan *no brown in town – kein Braun in der Stadt* – haben Sie bestimmt schon einmal gehört. Er hat seinen Ursprung in der strengen Einteilung nach Stadtkleidung, Landkleidung und Festkleidung, nach der die britische Oberschicht ihre Kleidung sortierte. Die Festkleidung (Smoking und Frack) war und ist schwarz und weiß – sowohl in der Stadt als auch auf dem Lande.

Wie ist das Businessoutfit für Männer immer korrekt, und was bedeutet *halboffizielle Geschäftskleidung*?

Die heutige Geschäftskleidung entspricht ungefähr der damaligen Stadtkleidung, die nach wie vor in gedeckten Farben wie Dunkelblau und Dunkelgrau gehalten ist – eben *no brown in town*. Dazu passen nur schwarze Schuhe.

Unsere heutige Freizeitkleidung darf man mit der damaligen Landkleidung gleichsetzen. Farben der Erde und der Pflanzen, Farben, die mit Natur, Freizeit und Gemütlichkeit verbunden werden, dominieren hier eindeutig. Sogar braune Schuhe sind passend.

Diese Trilogie – Festkleidung/Geschäftskleidung/Freizeitkleidung – ist, auch wenn sie bereits etwas aufgeweicht ist, nach wie vor in vielen Köpfen fest verankert. Es ist von Ihrer Position im Unternehmen und von der Branche abhängig, was für Sie gilt. So oder so haben Sie doch im Berufsleben, jedenfalls was die Kleidung betrifft, nur zwei Möglichkeiten: Entweder Sie richten sich nach dem Image Ihres Arbeitgebers oder Sie suchen sich einen Arbeitgeber, der zu Ihrem eigenen Image passt. Die meisten Branchen wünschen sich fachlich kompetente Mitarbeiter, die mit ihrem freundlichen und stilvollen Auftreten und durch ihr korrektes Aussehen Seriosität und Professionalität ausdrücken. Und sie wünschen sich ferner Mitarbeiter, die einerseits dem Image des Unternehmens und andererseits den Erwartungen der Kunden und Geschäftspartner entsprechen – glaubwürdig natürlich.

Halboffizielle Geschäftskleidung für Männer:

Ist es in Ihrem Beruf nicht ganz und gar egal, was Sie morgens anziehen, sind Sie in vielen Branchen – allerdings nicht in den Chefetagen – sicher mit der halboffiziellen Geschäftskleidung richtig angezogen. Sie bietet Ihnen ein wenig mehr Freiraum innerhalb von Anzug, Hemd und Krawatte.

Neben dem klassischen Geschäftsanzug in gedeckten Farben sind hier zwar auch dunkle Grün-, Oliv- oder Brauntöne erlaubt, aber weitestgehend verpönt, Schwarz geht gar nicht. Die Weste ist nicht zwingend. Die sogenannte Kombination aus dunkler Hose und andersfarbiger oder gemusterter Sportjacke ist in Deutschland ebenfalls oft geduldet. Die langärmeligen, hellblauen Hemden können auch dezente Muster und außerdem unterschiedliche Kragenformen haben – selbst Button-down- oder Tab-Kragen sind möglich. Was bleibt, sind die dezenten Muster der Seidenkrawatte und die langen Kniestrümpfe in klassischen, glattledernen Schnürschuhen mit Ledersohle. Die Kniestrümpfe sollten nicht nur so dunkel wie die Schuhe sein, sondern auch den Farbton der Schuhe aufnehmen und darüber hinaus sowohl zu den Hosenbeinen als auch zur restlichen Kleidung passen. Das verlangt oft Fingerspitzengefühl – nicht nur die Farbe, sondern auch Muster und Material betreffend.

Hoch- und halboffizielle Geschäftskleidung für Frauen – kompetent, elegant, feminin

Hochoffizielle Geschäftskleidung für Frauen:

Für Frauen in Führungspositionen und für Frauen, die berufliche Repräsentationsverpflichtungen haben, ist traditionell das Kostüm das klassische Kleidungsstück. Anfang des 20. Jahrhunderts war das Kostüm für die ersten Geschäftsfrauen – als Anzug-Stellvertreter – **Was ist der Unterschied zwischen hochoffizieller und halboffizieller Geschäftskleidung bei Frauen?** noch eine modische Revolution. Heute sorgt es – geschäftlich und privat – immer und überall sowie bei jeder Trägerin für einen perfekten Auftritt. Es erscheint seriöser, eleganter und vor allem fraulicher als der Hosenanzug – insbesondere im internationalen Umfeld. Dessen ungeachtet sollten Frauen, die – aus welchen Gründen auch immer – sehr ungern Röcke tragen, sich für einen gut sitzenden Hosenanzug entscheiden. Sie wirken dann allemal im Hosenanzug professioneller und das ist in hochoffiziellen, beruflichen Situationen immerhin wichtiger.

Das klassische Kostüm kann mit einem hochwertigen hell-einfarbigen Shirt oder mit einer eleganten, hellen Bluse kombiniert werden. Neben dem Kostüm ist das schnörkellose Etui-Kleid mit passender Jacke oder Gehrock akzeptiert. Die korrekte Rocklänge ist ausnahmslos knieumspielend, wobei jüngere Frauen innerhalb der Handbreite über dem Knie und ältere Frauen innerhalb der Handbreite unter dem Knie an der schmalsten Stelle des Beines die ideale Höhe für den Rocksaum finden. Komplett ist die Geschäftskleidung einer Frau allerdings erst mit dezenten, hautfarbenen Strümpfen und klassischen, geschlossenen, dunklen Glattlederschuhen – Pumps also.

Halboffizielle Geschäftskleidung für Frauen:

Hochoffizielle Geschäftskleidung ist zwar in jedem Fall richtig, aber darüber hinaus können Sie zu informellen Anlässen etwas weniger strenge Kleidung wählen und haben auch bei Material-, Muster- und Farbwahl viel mehr Möglichkeiten. Dennoch soll die Kleidung den Erwartungen an Ihre Position und Aufgabe gerecht werden; je höher Ihre Position ist, desto edler, klassischer und seriöser sollten Sie sich auch kleiden. Der Hosenanzug und auch eine Kombination aus Hose und Blazer oder Sportjacke mit Bluse oder Shirt sind erlaubt. Auch natürlich die Kombination aus Rock und Blazer oder Sportjacke. Selbst verschiedene Rocklängen sind möglich, wobei noch immer die Empfehlung *knieumspielend* gilt. Ihre Beine müssen im Büro immer mit dezenten Strümpfen bekleidet sein. Ebenso obligatorisch sind zumindest vorne geschlossene Schuhe. Nackte Beine und Füße im Büro sind überall auf der Welt und in allen Branchen ein Kleider-Fauxpas. Sparsam und stilvoll eingesetzte modische Accessoires, wenig Schmuck, eventuell ein Tuch komplettieren dann Ihr individuelles Auftreten und geben Ihnen zudem die Möglichkeit, bewusst individuelle Akzente zu setzen. Nach einer Geschäftsbegegnung soll der Mensch in Erinnerung bleiben und nicht seine Kleidung. Das zu wissen ist zwar nicht nur für Frauen wichtig, aber gerade für Frauen fehlt nach wie vor der weibliche Maßstab in den Chefetagen, und es wird noch viel zu lange geschaut – *Was hat sie heute an?*, *Was ist neu?*, *Steht ihr das?* –, bevor man ihr zuhört.

Grundsätzlich sollte Ihre gesamte Geschäftskleidung obendrein nicht zu kurz, nicht zu eng, nicht zu bunt, nicht verspielt, nicht durchsichtig, nicht grell gemustert, nicht schulterfrei – kurz, nicht zu auffallend sein. Auf keinen Fall – auch wenn es bei Ihnen legerer zugeht oder wenn die Temperaturen über 30 Grad ansteigen – sollten Sie im Berufsleben kurze Hosen, T-Shirts, Minikleider und -röcke, Turnschuhe, Sandalen oder Latschen tragen.

Hochoffizielle Geschäftskleidung für Männer

Was bedeutet hochoffizielle Businesskleidung für Männer?

Wenn Ihr Geschäftsanzug hochoffiziellen Anlässen gerecht werden soll, ist der dreiteilige Anzug erste Wahl. Zwar sieht man die Weste immer seltener, doch ganz wegzudenken ist sie noch nicht, und mit ihr wirkt ein Mann allemal eleganter und angezogener. Dunkelblau bis Anthrazit, mit oder ohne Nadelstreifen, allenfalls Ton-in-Ton gemustert sind die klassischen Farben für konventionelles Aussehen – umso gedeckter, je offizieller der Anlass ist. Wichtig ist, dass Ihr Anzug über eine perfekte Passform verfügt und aus hochwertigem Material gefertigt ist – beides ist die Voraussetzung dafür, dass Sie sich in ihm wohlfühlen und auch nach einem Vierzehnstundentag noch souverän wirken können. Das beste Material für einen Anzug bleibt Schurwolle, egal, für welchen Anlass und für welche Jahreszeit. Bis heute ist kein anderes Material unempfindlicher gegen Knittern, und kein anderes Material fällt eleganter am Körper als dieses.

Zum hochoffiziellen Geschäftsanzug gehört ein weißes Hemd mit Kent- oder Haifischkragen und Doppelmanschetten mit Manschettenknöpfen. Kragen und Manschetten müssen ungefähr 1 bis 1,5 Zentimeter aus der Jacke hervorschauen, so dass die Jacke an keiner Stelle Ihre Haut berührt. Der elegante Mann trägt obendrein ein Einstecktuch, passend zum Hemd und zur Krawatte oder – klassisch

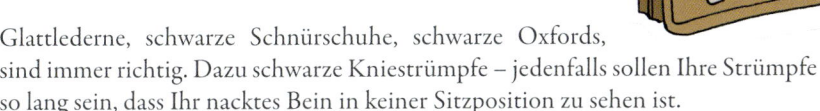

– ein weißes Leinentuch, sowie eine dezent gemusterte Seidenkrawatte. Ein schwerer, aber häufiger Missgriff sind diese Kombipacks von Einstecktuch und Krawatte aus demselben Stoff; das Einstecktuch darf keinesfalls genau dieselbe Farbe und dasselbe Design wie die Krawatte haben.

Glattlederne, schwarze Schnürschuhe, schwarze Oxfords, sind immer richtig. Dazu schwarze Kniestrümpfe – jedenfalls sollen Ihre Strümpfe so lang sein, dass Ihr nacktes Bein in keiner Sitzposition zu sehen ist.

Komplett ist das Outfit mit einer gepflegten Aktentasche aus hochwertigem schwarzen Leder – passend zu den Schuhen. Schmuck ist bei Männern in den Chefetagen nicht gern gesehen, lediglich dezente Manschettenknöpfe, eine klassisch elegante Uhr, der Ehe- oder Partnerschaftsring natürlich und eventuell ein echter (!!) Siegelring mit dem eigenen Familienwappen. Die Krawattennadel ist ganz und gar verpönt und daher nicht empfehlenswert. Unterschätzen Sie bitte auch nicht den strengen Blick auf Utensilien, wie Schreibmaterial (Federhalter), Laptop, Handy oder Zustand und Sauberkeit Ihres Autos. Der Hersteller ist gegebenenfalls auch nicht unwichtig.

Geschäftskleidung ist nicht farbenfroh

Die Geschäftskleidung gibt es sicher nicht – jedoch, wer Karriere machen möchte, sollte sich nicht leichtsinnig über Erwartungen hinwegsetzen. Die individuell geltenden Erwartungen sind selbstredend von den Bekleidungsgewohnheiten der jeweiligen Branche abhängig. Da haben zwar Angehörige kreativer Berufe oder Mitarbeiter aus dem IT-Geschäft ihre eigene Uniform, aber die Führungspersönlichkeiten aller Branchen bevorzugen einen einheitlichen klassischen Stil, der den Erwartungen an ihre Rolle entspricht. In allen Chefetagen der Welt, in allen Branchen und Institutionen steht die klassische Uniform von Geschäftsmann und Geschäftsfrau für Professionalität, Kompetenz und Seriosität. Überall dort, wo ein solcher Kleidungsstil von Mitarbeitern, Vorgesetzten und manchmal auch vom Kunden erwartet wird, gelten einheitliche Maßstäbe, die gewissermaßen zeitlos sind – eben klassisch.

Darf es in der Geschäftsklei- dung nicht etwas mehr Mut zur Farbe sein?

Dieser konservative, formelle Kleidungsstil für die Geschäftskleidung wird international mit Business dress oder Business suit bezeichnet und ist dann richtig kombiniert, wenn die Kleidung gar nicht wahrgenommen wird. Die Führungspersönlichkeit mit ihrer Fachkompetenz, mit ihren kommunikativen Fähigkeiten und mit ihrer sozialen und emotionalen Intelligenz soll in Erinnerung bleiben – nicht, was sie anhat. Auf der anderen Seite prägt letztlich nicht nur die Kleidung, sondern das gesamte äußere Erscheinungsbild der Führungskräfte die Unternehmenskultur eines Hauses – nach außen und ebenso innerbetrieblich. Ein korrekter Haarschnitt sowie eine frisierte Frisur und gepflegte Hände, Körperhaltung und Mimik sind, um nur Beispiele zu nennen, ebenso wichtige Merkmale – gute Manieren freilich außerdem.

Wenn Sie auf der Karriereleiter bereits in höhere Regionen gestiegen sind, haben Sie mittlerweile auch erfahren, dass Sie nur nach oben kommen, wenn das auch die anderen so wollen – die Entscheider nämlich. Und für die Entscheider ist Ähnlichkeit nun mal ein ganz entscheidendes Auswahlkriterium – allerdings nicht nur die Kleidung betreffend.

Professor Michael Hartmann ist als Elitenforscher mit seiner These *Gleich und Gleich gesellt sich gern* in Deutschland bekannt geworden. Er lehrt an der Technischen Universität Dortmund Soziologie und fand im Ergebnis seiner Studien bestätigt, dass auch die Führungskräfte der deutschen Wirtschaftselite – die gegenwärtig machttragende Schicht unserer Gesellschaft – sich am liebsten mit Neulingen umgeben, die ihnen im Verhalten und im Aussehen ähneln.

Passende Schuhe fürs Büro

Dürfen im Büro Stiefel und Sandalen getragen werden? Stiefel waren zunächst allein für Männer und später, seit Anfang des 19. Jahrhunderts, auch für Frauen vorrangig zum Schutz vor Schnee und Kälte gedacht. Für Männer gilt das nach wie vor; Stiefel passen für sie ausschließlich in die Freizeit, zum Wandern oder Klettern. Gummistiefel, Reitstiefel und -stiefelette sind also bei eher freizeitlichen Gelegenheiten erlaubt, aber Stiefeletten oder Stiefel zum Anzug oder zur Wollhose sind absolut verpönt – im Geschäftsleben und auch privat, sowohl im Freien als auch in geschlossenen Räumen, im Winter und im Sommer.

Anders bei Frauen. Da liegen Stiefel und Stiefeletten immer mal wieder modisch so stark im Trend, dass das nicht ganz und gar ignoriert werden kann. Das hat allerdings nichts daran geändert, dass sie in konservativen Geschäftsfeldern und bei offiziellen Anlässen nicht (gern) gesehen werden, insbesondere dann nicht, wenn sie ganztags und/oder mit einem Rock getragen werden. In der Freizeit und privat wird Stiefelträgerinnen heute mehr Modebewusstsein zugebilligt, so dass selbst die Regel, dass der Rocksaum den Stiefel überdecken muss, nicht mehr gilt.

Während Männersandalen an allen Orten und zu allen Zeiten – mit oder ohne Strümpfe – als unpassend angesehen wurden und werden, scheiden sich bei den Frauensandalen oder Sandaletten die Geister.

Streng genommen tragen elegante Frauen – egal, wie schön ihre Beine sind, und egal, wie heiß es draußen ist – immer Strümpfe. Mit Strümpfen sind Sandalen und Sandaletten nun jedoch vollkommen unattraktiv. Also, keine Sandaletten?! Sandaletten sind gleichwohl heute nicht mehr wegzudenken, und so muss jede Frau für sich entscheiden, ob sie jenseits der Dreißig ihre Beine und Füße vorzeigen sollte. Dass die strumpflosen Füße nicht nur topgepflegt und einwandfrei sein müssen, sondern auch sehr jung, wird sie vermutlich irgendwann einsehen – oder einsehen müssen, wenn Blicke sich blitzschnell von dem Anblick ihrer Füße abwenden oder ungläubig an ihnen hängen bleiben.

Im Geschäftsleben und bei offiziellen und festlichen Anlässen sind nackte Beine und Füße sowieso absolut tabu, und somit auch Sandalen und Sandaletten. Vom Geschmack mal ganz abgesehen, treffen Peeptoes – Pumps, bei denen die Zehen zu sehen sind – gleichfalls auf wenig Gegenliebe. Slingpumps hingegen gelten, außer bei hochoffiziellen Anlässen, als unproblematisch – mit Strümpfen, versteht sich. Und auch wenn Sie es in Hochglanzmagazinen, auf Laufstegen und an den Füßen von Sternchen aus der Glamourwelt anders sehen: Insbesondere zu einem festlichen Abendkleid und nach mehreren Stunden, besonders wenn getanzt wird, sieht nicht einmal mehr der junge Fuß noch attraktiv, sauber und gepflegt aus. Ein geschlossener, eleganter Abendschuh, beispielsweise sehr weit ausgeschnitten und mit Satin bezogen, sieht dagegen an den zartbestrumpften Beinen jeder Frau immer elegant aus – stundenlang.

Doch nicht nur Stiefel, Sandalen und Sandaletten sind für ein korrektes äußeres Erscheinungsbild bei offiziellen Anlässen und im Beruf problematisch, sondern auch Turnschuhe, Sneakers, Bootsschuhe, Stoffschuhe, Clogs, High Heels und natürlich Flip Flops und Latschen.

Korrekt sind im Berufsleben für Männer schlichte schwarze Lederschnürschuhe mit Ledersohle, vorzugsweise Klassiker wie Oxford, Derby oder Brogue. Bequem-

schuhe mit Gummisohle passen einfach nicht ins Büro. Frauen tragen am besten Pumps mit mittlerem Absatz, passend zur Kleidung und zur Handtasche. Je offizieller der Anlass ist, umso schlichter sollte der Schuh sein – dann auch eher in gedeckten Farben, also Schwarz, Dunkelblau oder Grau.

Schuhe werden leider oft etwas vernachlässigt, dabei sollten sie täglich geputzt und regelmäßig zu einem guten Schuster gebracht werden.

Kleidervermerke müssen respektiert werden

Wenn Sie sich in Gesellschaft begeben wollen, kommen Sie nicht umhin, bestimmte – auch nonverbal ausgesprochene – Kleiderordnungen zu beachten. Manche Gastgeber machen es ihren Gästen leicht und geben für offizielle und für gesellschaftliche Anlässe die Art der Kleidung vor. Jeder, der sich schon einmal die Mühe gemacht hat, ein größeres Fest zu arrangieren, weiß, der Erfolg jeder Veranstaltung steht und fällt nun einmal mit den Gästen. Sie prägen durch ihr Verhalten, aber auch durch ihre Kleidung, den Stil und den Charakter der Veranstaltung. Daher haben Gastgeber die Möglichkeit und im Grunde auch die Pflicht, ihre Erwartungen in Bezug auf die Kleidung ihrer Gäste schon auf der Einladung zum Ausdruck zu bringen – um den Rahmen der Veranstaltung vorzugeben und damit alle Beteiligten vor Enttäuschungen und Peinlichkeiten zu bewahren.

Ist der Kleidervermerk auf der Einladung nur eine Empfehlung oder muss man sich danach richten?

Wenn auf Ihrer offiziellen Einladung ein solcher Wunsch vermerkt ist, dann ist das für Sie keine Empfehlung und auch kein Vorschlag, sondern verbindlich – schon in Ihrem eigenen Interesse. Dabei macht es dann auch keinen Unterschied, ob Sie bei Nichtbeachtung des Kleidervermerks overdressed oder underdressed gekleidet sind. Aus welchem Grund Sie sich auch so oder so angezogen haben und ob Sie sich dessen bewusst sind oder nicht: Sie drücken mit Ihrem Aussehen Wertschätzung oder Gleichgültigkeit oder gar Geringschätzung gegenüber dem Gastgeber aus. Doch noch empfindlicher als der Gastgeber reagieren erfahrungsgemäß die anderen richtig angezogenen Gäste auf eine solche Missachtung.

Lange Rede, kurzer Sinn – Sie haben nur zwei Möglichkeiten: Entweder halten Sie sich an den Kleidervermerk oder Sie sagen die Einladung freundlich ab. Nur das ist höflich – aus Respekt vor den Gastgebenden, aus Respekt vor den anderen Gästen und/oder aus Respekt vor der Veranstaltung!

Kleidervermerke auf offiziellen Einladungen richten sich nach wie vor nur an die Männer. Es wäre ja auch unhöflich, Frauen etwas direkt vorzuschreiben oder Frauen gar zu unterstellen, sie wüssten nicht, was zu diesem Anlass passend wäre. Für Frauen sind Kleidervermerke daher Codes, aus denen sie schlussfolgern.

Klassische Kleidervermerke für offizielle Abendveranstaltungen:

▶ *dunkler Anzug („lounge suit")*

▶ *Smoking* = kleiner Gesellschaftsanzug
  („dinner-jacket", „black tie", „cravate noire")

▶ *Frack* = großer Gesellschaftsanzug („white tie", „cravate blanche")

Klassische Kleidervermerke für offizielle Veranstaltungen am Tage:

▶ *dunkler Anzug („lounge suit")*

▶ *Stresemann* = kleiner Gesellschaftsanzug am Tag

▶ *Cut/Cutaway Coat* = großer Gesellschaftsanzug am Tag („Morning Coat")

Festliche Abendkleidung ist keine Hilfe

Was trägt man bei einer Veranstaltung mit dem Kleider-vermerk *festliche Abendkleidung*?

Solche Kleidervermerke könnte man wohlwollend als fürsorglich werten, doch sehr nützlich sind sie nicht. Zuweilen findet man auch so verwirrende Formulierungen wie *Abendgarderobe, dunkler Anzug/kurzes Kleid* oder eben auch häufig die *festliche Abendkleidung* auf offiziellen Einladungen. Gut gemeint und sicher der Vielfalt der geladenen Gäste geschuldet ist wohl auch der zwar optimistische, aber dennoch undefinierbare und gleichzeitig resolute Kleidervermerk *Sommerliche Kleidung/Nationaltracht* für ein alljährliches großes Gartenfest im Sommer, bei dem die Einladungen bereits Wochen vor dem Termin versendet werden – natürlich ohne zu wissen, ob der Tag auch ein Sommertag wird. Da kommen dann die einen ganz leger in Jeans und Turnschuhen und die anderen machen sich mit dem langen Abendkleid fein. Nur diejenigen, die sich für den Mittelweg entscheiden, fühlen sich wahrscheinlich überhaupt wohl. Wer sich jedoch streng an den Kleiderwunsch des prominenten Gastgebers hält und unabhängig von den auch im Sommer manchmal kühlen Temperaturen sommerliche Kleidung trägt, könnte sich womöglich sogar erkälten. Für das meist schlechte Wetter hätte es besser eine Empfehlung zu *warmer Regenkleidung* geben sollen. Korrekt wäre das aber natürlich auch nicht.

Verantwortlich für den Kleidervermerk sind immer die Gastgebenden; haben sie doch dafür zu sorgen, dass sich ihre Gäste über die gesamte Veranstaltung hinweg wohlfühlen. Also fragen Sie einfach, wenn Sie mit dem Kleidervermerk nicht zurechtkommen, die Gastgebenden. Da jedoch davon auszugehen ist, dass Gastgebende, die sich einen besonders festlichen Rahmen mit *Smoking* oder *Frack* wünschen, das auch in der Einladung so formuliert hätten, gehen Sie mit dem *dunklen Anzug* als *festlicher Abendkleidung* wahrscheinlich auf Nummer sicher. Keinesfalls sollten Frauen jedoch bei solchen Einladungen in Lang kommen, damit sind sie ganz sicher zu vornehm gekleidet.

Festliche Abendkleidung ist sowohl der *dunkle Anzug* als auch der *Smoking* und *Frack*, und da zwischen den dreien – nicht nur für Männer – ein himmelweiter Unterschied besteht, ist es schon wichtig, sich genau zu informieren.

Eine Entscheidungshilfe können auch Informationen aus der Einladung sein: Ist die Einladung edel und aufwendig oder ein Serienbrief? Gibt es ein gesetztes Essen oder zumindest ein Dinner-Buffet? Wer sind die Gastgeber und was ist der Anlass? In welche Lokation wird eingeladen? Wird getanzt und wer macht die Musik?

Männer in Schwarz-Weiß

Der Mann sollte eher dezent, elegant und niemals allzu auffällig gekleidet sein. Und er sollte immer so aussehen, als hätte er sich um seine Kleidung nicht allzu viele Gedanken gemacht. Das rührt aus der Tradition her, dass er als Gentleman den Frauen das modische Parkett überlässt und nicht versucht, mit ihnen zu konkurrieren. Frauen sollen sich außerdem darauf verlassen können, dass ihre Kleidung zur Kleidung der Mäner passt.

Warum kommt für Männer bei festlichen Abendveranstaltungen nur die Farbkombination Schwarz-Weiß in Frage?

Smoking und Frack sind nur in der Farbkombination Schwarz-Weiß stilvoll und geben Frauen die größte Sicherheit! Egal, für welche Farbe sie sich entscheidet, beide passen zusammen. Für Männer sind bei so festlichen Anlässen keine Extravaganzen gefragt. Eher würden Sie sich in die große Gefahr begeben, mit lustig bunten Exemplaren von Schleife oder Weste, gar Krawatte, oder ganz ohne Halsschmuck zur allgemeinen Belustigung beizutragen – natürlich, ohne dass Sie je davon erfahren würden. Was die Sache ja nicht besser macht. Jeder modische Firlefanz ist für Männer im Smoking oder Frack absolut indiskutabel.

Ansonsten gilt die Forderung nach sogenannten Nichtfarben auch für den *dunklen Anzug*, womit eher kalte Farben gemeint sind, die umso gedeckter sind, je offizieller der Anlass ist. Braune Anzüge, auch dunkelbraune Anzüge, sind für den Abend, zumindest sobald es feierlich wird, unpassend. Zu bekannt ist da das geflügelte Wort *no brown in town*, das ausdrückt, dass die Farbe Braun nicht mit Macht und Stand (Stadtleben), sondern mit Erde, Landarbeit und Freizeit (Landleben) verbunden wird. Woher der Satz auch immer kommt, erfahrungsgemäß spiegelt er unsere Assoziationen wider – nicht nur für die Schuhe und auch nicht nur für die Männerkleidung.

Dass weiße Hemden für den Anzug bevorzugt werden, liegt höchstwahrscheinlich auch bei offiziellen Anlässen noch an der Erinnerung, dass es sich früher nur der Adel und das wohlhabende Bürgertum leisten konnten, jeden Tag ein frisch gewaschenes, weißes Hemd anzuziehen – weißes Hemd bedeutet Luxus und Wohlstand.

Italiener tragen auch zum *dunklen Anzug* braune Schuhe und man darf zugeben: Das sieht bei manch einem sogar gut aus. Sie, als Nichtitaliener, sollten dies allerdings weder hier noch in Italien oder sonstwo auf der Welt imitieren. Erstens weiß nicht nur der Italiener, dass dies bei Ihnen zu Hause nicht üblich ist (und dass Sie ihn also nachmachen), und zweitens werden Sie vermutlich nicht den genau richtigen Braunton treffen, es sei denn, ein Italiener geht mit Ihnen einkaufen.

Sommerlich-festlich – im Regen?

Sommerlich-festlich? Jedes Jahr bekommen viele Frauen und Männer Einladungen mit solchen Kleidervermerken und stehen immer wieder vor dem gleichen Rätsel. Zwar ist es schön, dass die Gastgeber ihren Gästen mit einem Kleiderwunsch behilflich sein wollen, aber bei solchen Vermerken sind ihre Gäste eher verwirrt. Ich ganz genauso wie Sie. *Sommerlich* allein ist schon so eine Sache. Natürlich kleiden Sie sich sommerlich, wenn es sehr warm ist. Aber was sollen Sie tun, falls die Temperaturen furchtbar sinken ... *Festlich* ist ja eher Smoking, Frack oder am Tage ein Cut. Jedoch, so festlich ist es dann meist doch wieder nicht. Und wer möchte schon zu fein angezogen sein?

Was sollte man bei einer Einladung mit dem Kleidervermerk *sommerlich-festlich* anziehen?

Zumindest heißt *festlich* für Männer – egal, ob Sommer oder Winter – *dunkler Anzug*. Dazu tragen Frauen ein elegantes Jackenkleid, ein elegantes Kostüm oder einen eleganten Hosenanzug – und zwar viel eleganter als fürs Büro. Zudem tragen Frauen unbedingt dezente Strümpfe und zumindest vorne geschlossene Schuhe, echten Schmuck, eine kleine Handtasche und haben wenigstens beim Essen die Schultern bedeckt – mit einem Tuch, einer Stola oder einer Jacke.

Nun kann es aber auch sein, dass die Gastgeber etwas ganz anderes gemeint haben. Nämlich hübsch anziehen, bloß keine Jeans, keine kurzen Hosen, Flip Flops, Latschen, bauchfrei, Top, kein T-Shirt und auch kein Pullover. Da hätte

rock mit Bluse, Shirt und Blazer oder Twinset – alles nicht ganz so elegant in Material und Schnitt.

Sie sollten unbedingt bei den Gastgebern nachfragen und sie bitten, Ihnen etwas mehr über den Rahmen ihres Festes zu sagen. Sollen Männer eine Krawatte tragen oder nicht? Das ist die Schlüssel-Frage und danach können Sie den Rest oft ableiten. Um was für eine Veranstaltung handelt es sich – Hochzeit, Jubiläum, Sommerfest? Wer ist Gastgeber? Wie stilvoll sieht die Einladung selbst aus? Wird gegrillt? Welche Musik ist bestellt? Gibt es einen Aperitif-Empfang? Findet alles im Freien statt? Das können wichtige Zusatzinformationen sein, auf die man sich manchmal einen Reim machen kann.

Der einzig vernünftige Rat ist in solchen Fällen: Fragen Sie beim Gastgeber noch einmal nach. Damit Sie weder zu fein noch zu lässig gekleidet sind und das Fest für alle ein Erfolg wird, weil die Gastgeber und die Gäste – Sie und die anderen Gäste auch – sich wohlfühlen.

Kleidungsempfehlung zur See

Mit welchen Kleiderordnungen ist auf einem Kreuzfahrtschiff zu rechnen?

Bei einer Schiffsreise verbringen Sie die meiste Zeit auf dem Schiff, und daher sollten Sie unbedingt alle Möglichkeiten nutzen, bereits vor der Reise sehr viele Details bei der Buchung vorzuplanen. Da Sie nicht wie sonst im Urlaub kurzfristig das Hotel wechseln können, sollten Sie besonderen Wert auf die richtige Auswahl der Reisekategorie legen. Speziell bei Schiffsreisen ist es für den zu erwartenden Stil im Verhalten und im Aussehen der anderen Passagiere maßgeblich, ob Sie auf einem Clubschiff in lockerer Urlaubsatmosphäre oder auf einem Luxusliner auf große Fahrt gehen.

Nicht nur früher, als Schiffsreisen noch mit Luxus verbunden waren, sondern auch heute noch gelten auf hoher See strenge Etiketteregeln, deren Missachtung wegen der räumlichen Enge als besonders peinlich und störend empfunden wird. Ein gewisses Maß an Anpassung und Rücksicht ist auf Schiffsreisen daher unverzichtbar. So ist auch auf den sogenannten Clubschiffen Höflichkeit und Rücksichtnahme oberstes Gebot. Je enger man mit anderen Passagieren zusammenreist, umso wichtiger ist es, auf ein harmonisches Verhältnis achtzugeben – von Anfang an. Es gilt selbstverständlich als schlechtes Benehmen, regelmäßig Sonderwünsche zu haben oder sich Vorteile zu verschaffen, für die man nicht bezahlt hat. Wer sich für eine Kreuzfahrt mit 5-Sterne-Niveau entscheidet, bucht auf einem der traditionellen

Luxusliner und lässt sich im noblen Interieur mit allerlei Luxus verwöhnen. Höflichkeit und Rücksichtnahme werden hier als Selbstverständlichkeit angesehen, so dass ein freundlicher und zurückhaltender Umgangston gegenüber jedermann erwartet wird.

Je luxuriöser das Kreuzfahrtschiff ist, umso traditioneller wird die Kleiderfrage gesehen – häufiger Kleiderwechsel ist hier immer noch Standard. An Bord eines solchen Schiffes besteht die Hauptbeschäftigung nämlich in ständigem Umkleiden. Doch egal, welcher Kategorie mit welchem Kleidungsstandard Ihr Schiff angehört, es ist überall so, dass man sich tagsüber an Bord sportlich kleidet.

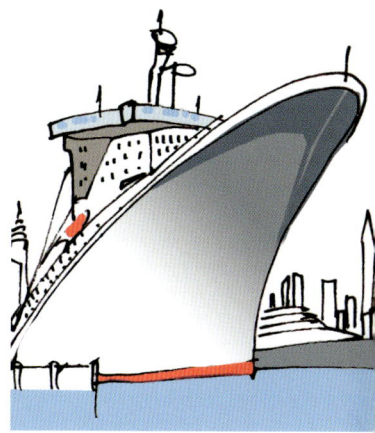

Auf Luxuslinern wird selbstverständlich bereits zum Frühstück eine ganz korrekte sportliche Kleidung erwartet, bei der T-Shirt oder Top mit Spaghettiträgern beispielsweise, zu kurze Röcke oder kurze Hosen nicht erwünscht sind. Damit wäre man dort keineswegs angezogen genug, um sich zu Tisch zu setzen. Mittags zum Lunch ist die Kleidung schon etwas sorgfältiger zu wählen – etwa zwischen elegant und sportlich. Nachmittags kann man sich erneut umziehen und die Sportlichkeit in der Kleidung ganz weglassen.

Und zum Abend? Während vor wenigen Jahrzehnten – zumindest in der 1. und 2. Klasse – der Smoking oder das Dinnerjackett Standard waren, richtet sich die korrekte Kleidung auch auf Luxusschiffen heute nach dem Anlass und dem Stil des Abendprogramms. Gesellschaftskleidung für besondere Abendveranstaltungen sollte man zwar nach wie vor im Gepäck haben, doch welche Kleidung für das jeweilige Abendprogramm passend ist, findet man als Kleidungsempfehlung zusammen mit dem Veranstaltungsprogramm für den nächsten Tag in der Kabine. Diese Kleidungsempfehlung ist dann gar keine Empfehlung, sondern eine Verpflichtung und schlichtweg zu beachten.

Zum Kapitäns-Dinner und für verschiedene Gala-Veranstaltungen ist dann Abendgarderobe erforderlich und falls es nicht zu kalt ist, um nach draußen zu gehen, ist dies die passende Gelegenheit für das weiße Dinnerjackett mit Smokinghose. Frauen tragen dann dazu passend das kleine festliche Abendkleid, das nicht lang zu sein braucht. Falls ausschließlich drinnen gefeiert wird, wird auch auf Schiffen der klassische Smoking getragen.

Der *dunkle Anzug* ist nicht schwarz

Was bedeutet der Kleidervermerk *dunkler Anzug* für mich als Mann? Der Kleidervermerk *dunkler Anzug* ist ein Code für die Art von Kleidung, die anlässlich einer Einladung sowohl von Männern als auch von Frauen erwartet wird, und bedeutet keineswegs, wie zu oft missverstanden, dass die gewünschte Farbe Schwarz sei. Für Frauen ist zwar – je nach Anlass – das kleine Schwarze in all seinen Interpretationen sowohl zeitlos elegant als auch stilvoll, für Männer jedoch kommt die Anzugfarbe Schwarz nicht in Frage. Auch wenn einige Herrenausstatter heute schwarze Designeranzüge anbieten, so ist diese Anzugfarbe doch traditionell lediglich traurigen Anlässen und solchen, bei denen akademische Ehrungen vorgenommen werden, vorbehalten – und die richtige Farbe für den Anzug des Kellners.

Gastgeber, die eine Einladung mit dem Kleidervermerk *dunkler Anzug* versenden, wünschen sich, dass Männer einen eleganten Anzug in den Farben Dunkelblau bis Anthrazit wählen. Bei einem eleganten Anzug ist die Hose umschlaglos und somit die Jacke einreihig, also mit einer einfachen Knopfleiste versehen. Das Material ist feinste Schurwolle.

Der *dunkle Anzug* ist selbstredend perfekt geschnitten, das ist die Hauptsache. In diesem Punkt sollten Sie keinesfalls zu Kompromissen bereit sein. Immerhin ist der Schnitt eines hochwertigen Anzugs, als Grundmuster, frei von modischen Einflüssen und Trends, bis heute internationaler Standard. Zum *dunklen Anzug* wird nur ein weißes Hemd mit langem Arm und Doppelmanschetten sowie mit dezenten Manschettenknöpfen kombiniert. Hemd und Jacke des Anzugs passen nur dann perfekt, wenn Kragen und Manschetten ungefähr 1 bis 1,5 Zentimeter hervorschauen, so dass die Jacke niemals mit der Haut in Kontakt kommt.

Obligatorisch ist darüber hinaus:

▶   eine dezent gemusterte Krawatte

▶   ein weißes zur Krawatte stilvoll passendes Einstecktuch

▶   elegante schwarze Seidenkniestrümpfe oder feinste Wollkniestrümpfe

▶   schlichte, elegante schwarze Schnürschuhe aus glattem Leder – der schwarze Oxford ist der Klassiker

Anders als bei Anzug, Hemd und Krawatte haben Sie die Möglichkeit, mit wohl-kalkulierten Akzenten Individualität und Persönlichkeit zu zeigen. Mit der Spra-che von Accessoires können Sie darüber hinaus regionale und persönliche Vor-lieben und Passionen stilvoll ausdrücken. Beim Schmuck ist Männern unbedingt größte Zurückhaltung zu empfehlen, und bis auf eine klassisch-elegante Armband-uhr, Manschettenknöpfe aus Edelmetall und einen Trau- oder Partnerschaftsring ist nur ein echter Wappenring mit dem eigenen (!) Familienwappen akzeptiert. Der Wappenring wird stilvoll entweder am Ringfinger der trauringfreien Hand oder am kleinen Finger der trauringfreien Hand getragen.

Passform des *dunklen Anzugs*

Der *dunkle Anzug* ähnelt sehr dem hochoffiziellen Geschäfts-anzug und unterscheidet sich allenfalls darin von ihm, dass das Tuch, aus dem er gefertigt ist, noch ein wenig hochwertiger ist und die Passform nun aber wirklich keine Kompromisse mehr zulässt. Die optimale Passform Ihrer Anzugjacke können Sie prüfen, wenn der Knopf in Höhe Ihrer Taille geschlossen ist.

Auf welche Details sollte man achten, wenn man sich einen neuen *dunklen Anzug* kaufen möchte?

Dann sind Falten, die beim Tragen im Rückenbereich sichtbar werden, sowie ein aufstehendes Revers ein deutliches Zeichen dafür, dass der Anzug nicht optimal passt. Beachten Sie darüber hinaus beim Kauf Ihres Anzugs, dass der Kragen am Hals anliegt und die Ärmel der Jacke knapp über dem Handrücken, an der Dau-menwurzel, enden.

Der Schnitt eines guten Anzugs sollte sich ganz natürlich an die Figur der Trä-gers anpassen und sie optimal zur Geltung bringen. Nur wem der Anzug von der Stange perfekt passt, ist mit diesem gut beraten; alle anderen sollten besser auf Maßkonfektion umsteigen, da jede Änderung in diesem Bereich den Anzug kei-nesfalls besser werden lässt.

Ein eleganter *dunkler Anzug* ist immer ein Einreiher. Er kann entweder mit zwei oder drei Knöpfen, doch stets mit zwei Seitenschlitzen angefertigt werden. Ein Doppelreiher ist als *dunkler Anzug* nicht elegant genug. Eine Hose ist ohne Um-schlag immer eleganter, und sie sitzt dann richtig, wenn sie auch ohne Gürtel nicht rutscht. Die richtige Länge hat Ihre Hose, wenn sie vorn mit nur einer Falte auf dem Schuh aufliegt und schräg nach hinten nicht ganz den Absatz berührt, eher etwas kürzer als zu lang. Die akkurate Bügelfalte jeder Hose sollte über der Mitte des Knies und der Schuhe verlaufen.

Ansonsten hat der stilvolle Mann immer ein frisch gebügeltes, weißes Stofftaschentuch dabei und er weiß, dass Hosen, die Gürtelschlaufen aufweisen, auch mit einem Gürtel getragen werden – mit einem schlichten aus Leder und mit einer Messingschnalle. Und da der Gürtel farblich zu den Schuhen passen muss, darf er nur schwarz sein. Der Gürtel passt, wenn er im dritten Loch geschlossen werden kann, und zwar nur in diesem, weshalb die meisten Männer sicher für unterschiedliche Hosen auch unterschiedliche Gürtel benötigen. Englische Anzughosen werden oft ohne Gürtelschlaufen geschneidert, so dass diese korrekt mit Hosenträgern fixiert werden.

Zum *dunklen Anzug* gehören ein weißes Hemd mit Doppelmanschetten, eine dezente Krawatte, lange schwarze Strümpfe und schwarze glattlederne Schnürschuhe – alles frisch gewaschen, gebügelt und geputzt. Das bis hierhin noch schöne Bild wird aber sofort ruiniert, wenn Schlüsselbund, Handy oder Portemonnaie den Anzug ausbeulen und – nicht selten – sogar die Figur entstellen.

Noch schlimmer wäre es, die Hände in den Hosentaschen zu vergraben, was Sie dann nur noch mit einer offenen Jacke toppen könnten. Daran, die Jacke eines *dunklen Anzugs* auszuziehen, solange Sie noch nicht wieder zu Hause sind, sollten Sie besser gar nicht erst denken.

Dunkler Anzug ist kein langes Kleid

Was bedeutet der Kleidervermerk *dunkler Anzug* für Frauen? Frauen wissen, dass klassische Kleidervermerke aus Höflichkeit grundsätzlich nur an Männer gerichtet werden. Und Frauen wissen auch, dass das modische Parkett am Abend ihnen gehört und dass sie sich darauf verlassen können, zu den dunkel gekleideten Männern (farblich) auf jeden Fall zu passen. Oder sie hoffen es zumindest, trotz vieler schlechter Erfahrungen.

Der Klassiker neben dem *dunklen Anzug* ist das sogenannte kleine Schwarze aus dem Hause Coco Chanel, das freilich nicht schwarz sein muss. Schwarz passt eigentlich fast immer, damit liegt man nur sehr selten falsch. Sie sollten immer dann gedeckte Farben wählen, wenn es dem Anlass entspricht. Mehr als auf die Farbe kommt es jedoch auf das Material, auf den Stil des Kleides und auf die perfekte Passform an.

Das kleine Schwarze war das erste kurze Kleid für festliche Anlässe und es steht nach wie vor – ganz ohne Firlefanz und Buntheit, aber durchaus auch in Farbe

– überall auf der Welt für Eleganz. Entsprechend sind Sie auch mit einem eleganten Jackenkleid, einem Etuikleid mit Jacke oder Gehrock, einem eleganten Kostüm oder – falls nicht getanzt werden soll – auch mit einem sehr eleganten Hosenanzug perfekt angezogen, vorausgesetzt, das Material ist hochwertig, die Verarbeitung edel und die Passform absolut perfekt. Besonders elegant sind Kostüm und Hosenanzug dann, wenn darunter nichts Sichtbares getragen werden muss und das elegante Kleidungsstück quasi für sich allein steht. Das klassische Chanelkostüm aus dem Jahre 1954 etwa war so geschneidert.

Blickfang ist auch der Rocksaum, der im Stehen die Knie ungefähr eine Handbreit umspielen soll – nicht kürzer und auch keinesfalls länger. Zum *dunklen Anzug* passt ja noch kein langes Kleid, was ein leider oft gesehener Kleider-Fauxpas ist.

Elegante Frauen tragen immer und nicht nur am Abend dezente Strümpfe in zumindest vorne geschlossenen Schuhen. Perfekt ist das Bild allerdings immer erst mit einer zu den Schuhen passenden Handtasche. Sie sollte deutlich kleiner sein als die fürs Büro.

Zum Abend gehört außerdem echter Schmuck aus Gold oder Platin – mit Edelsteinen oder Perlen – oder aber gar keiner. Ab dem *dunklen Anzug* kommt Modeschmuck einfach nicht mehr in Frage. Elegante Frauen tragen übrigens nicht mehr als sieben Schmuckstücke gleichzeitig, wobei die Ohrringe doppelt gezählt werden. Und sie tragen nie mehr als drei Ringe auf beide Hände verteilt. Das wirkt niemals und nie elegant.

Last but not least: Es ist nicht zu empfehlen, ungeschminkt auf solche Anlässe zu gehen. Ein leichtes Make-up, etwas Wimperntusche, geformte, etwas dunklere Augenbrauen und ein leichter Lippenstift sollten das Minimum sein – etwas mehr darf es auch sein. Frisur und Hände sollten ebenfalls perfekt aussehen und auch dem kritischen Blick anderer Frauen standhalten können.

Gelegenheiten für den *dunklen Anzug*

Für welche Anlässe ist der dunkle Anzug richtig? Hat der Gastgeber auf der Einladung ausdrücklich den Kleiderwunsch *dunkler Anzug* vermerkt, tragen Sie ihn natürlich, das ist klar. Darüber hinaus ist er auch richtig bei feierlichen Firmenjubiläen oder wenn Sie beispielsweise privat oder geschäftlich zum konventionellen runden Geburtstag, zu einem formellen Abend-Empfang oder zu einem festlichen Anlass ohne Kleiderordnung geladen sind oder selbst dazu einladen.

Klassische Anlässe sind darüber hinaus Taufen, Konfirmationen, Kommunionen und solche Anlässe, bei denen der Geschäftsanzug zu wenig und der Smoking oder Frack zu viel ist. Auch für Hochzeiten und Jubiläumshochzeiten sind Sie tagsüber im *dunklen Anzug* korrekt angezogen, wenn nicht der Cut oder der Stresemann vorgegeben ist. Und da der *dunkle Anzug* auch für den Abend richtig ist, dürfen Sie ihn für die anschließende Abendveranstaltung gleich anbehalten, falls Sie nicht im Smoking oder Frack erwartet werden.

Nahezu alle gesellschaftlich wichtigen Veranstaltungen, wie beispielsweise Opernaufführungen, Konzertabende, klassische Theateraufführungen in Süddeutschland, Abendeinladungen – alles, was festlich klingt – sind ebenfalls der passende

Rahmen für den *dunklen Anzug*. Auch in Gourmetrestaurants mit Sterneküche sind Sie damit nicht overdressed. Und sollten Sie es womöglich auch noch so bedauern, bei offiziellen Anlässen mit Anzug und Krawatte wenig Kreativität zeigen zu dürfen: Extravaganzen sind nicht gefragt.

Vielmehr wird bei der Männerkleidung nach wie vor Wert auf Tradition gelegt. Neuerungen sind hier verhältnismäßig dezent vor sich gegangen. Heute werden beispielsweise wesentlich leichtere Stoffe verwendet, so dass der elegante Anzug nicht nur passend zum Anlass und zur Tageszeit, sondern auch zur Jahreszeit und gar zur Klimazone gewählt werden kann. Darüber hinaus haben gerade die italienischen Schneider nach dem Zweiten Welt-krieg ihre Auffassung von Eleganz in die bis dahin allein von englischen Schneidern beherrschte Männermodewelt einfließen lassen.

Italienische Modelle erfüllen eher ästhetische Kriterien als die strengen Kleidungsregeln, die der englischen Schneiderkunst von der Oberschicht diktiert wurden und die nach wie vor so gewünscht sind. Italienische Anzüge sind aus leichteren Stoffen gearbeitet und in Farbe und Muster wesentlich mutiger. Allerdings ist sogar der Männeranzug ein Beweis für die fortschreitende Globalisierung. Es gibt englische Anzüge aus italienischen Stoffen genauso wie italienische Anzüge, die aus englischem Tuch angefertigt sind, und sowohl die einen wie auch die anderen Exemplare werden teilweise in Deutschland oder China genäht.

Ein klassischer englischer Anzug wird heute noch nach den gleichen Regeln geschneidert wie in den Dreißigerjahren. Ein solcher Anzug soll keinerlei Individualität, sondern nicht zuletzt die Zugehörigkeit zu einer bestimmten Gesellschaftsschicht ausdrücken. Italienische Anzüge dagegen sollen mittels einer besonderen Eleganz die Einmaligkeit des Trägers unterstreichen. Ohne es verallgemeinern zu wollen, steht hier das Streben nach Standeszugehörigkeit gewissermaßen gegen das Ziel der Selbstverwirklichung.

PS: Für den Aufenthalt in sehr heißen Gegenden arbeiten versierte Schneider sogar Innentaschen für Kühlakkus ein, so dass bei offiziellen Anlässen auch in Klimaregionen die Jacke anbehalten werden kann, für die sie niemals entworfen wurde.

Smoking – black tie

Heute wird anlässlich besonders festlicher Abendveranstaltungen der Smoking getragen – obligatorisch dann, wenn es so als Kleidervermerk gewünscht wird. Der Smoking ist der kleine Gesellschaftsanzug und wird – stilgerecht – niemals vor 19.00 Uhr, nur in geschlossenen Räumen und nicht im Freien getragen. Eine Ausnahme sind die Bayreuther Festspiele. Hier trägt Mann und Frau ihn schon ab 17.00 Uhr.

Ein Smoking (Hose, Jacke und Weste) ist aus feinem, leichtem Tuch gearbeitet. Die Farbe ist Schwarz. Allenfalls, weil die Farbe bei künstlichem Licht sogar noch schwärzer wirkt, darf er auch ganz tiefnachtblau sein. Dann haben auch die dazugehörige Hose und Weste beziehungsweise das Kummerbund dieselbe Farbe.

Die Smokingjacke ist entweder ein- oder zweireihig, sowohl Schalkragen als auch Revers mit Seidenbesatz sind richtig, wobei die zweireihige Smokingjacke nicht mit der Weste sondern mit dem Kummerbund kombiniert wird.

Smoking-Details sind obligatorisch:

▸ die umschlaglose Hose mit einfachem Galon (aufgesetzte Seidenstreifen auf den äußeren Hosennähten)

▸ Smokingweste aus Brokat oder Seide oder der klassische, seidene Kummerbund

▸ Das Smokinghemd hat eine verdeckte Knopfleiste, immer Doppelmanschetten und entweder einen Kläppchen- oder einen Umlegekragen. Das elegante Smokinghemd ist weiß, hat eine gestärkte Brust und kann mit Stickereien oder mit Biesen verziert sein.

▸ Die schwarze Seidenschleife ist immer von Hand gebunden. (Eine Fliege ist dagegen das fertig gebundene Exemplar.)

▸ lange Seiden- oder feinste Wollkniestrümpfe

▸ ein einfaches weißes Leineneinstecktuch mit handrollierter Kante

▸ schwarze, schnörkellose elegante Abendschuhe als Schnürschuh, Abend-Slipper oder Lackschuhe – Klassiker ist der Oxford

Ganz stilvoll gehören zum Smoking flache goldene Manschettenknöpfe und eine goldene, viereckige Armbanduhr mit stumpfem, schwarzem Wildlederarmband oder eine goldene Taschenuhr.

In England heißt der Smoking übrigens *dinner jacket*. Bevor die Herren sich am Abend zum Rauchen in den Rauchersalon zurückzogen, wechselten sie ihre Jacken. Sie legten das schwarze *dinner jacket* ab und die farbige Samtjacke, das *smoking jacket*, an. Ebenso wechselten sie ihre Schuhe und trugen zum Rauchen statt der Smokingschuhe farbige Samtschuhe. Erst wenn sie zu den Damen zurückkehrten, zogen sie wieder ihr *dinner jacket* an, um ihnen nicht den Geruch des verräucherten *smoking jacket* zuzumuten.

PS: Zum Smoking darf bei hochoffiziellen Staatsempfängen die 1:10-Verkleinerung von Ordensoriginalen getragen werden.

Smoking – mit kleinem Abendkleid

Spätestens bei solch festlichen Anlässen, zu denen der Kleidervermerk *Smoking* gegeben wird, ist Unhöflichkeit undenkbar – und es wäre unhöflich, Frauen Kleidervorschriften zu machen, oder? Frauen haben die Wahl und ziehen wie immer aus dem Kleidervermerk für Männer Rückschlüsse, welche Kleidung für sie selbst passend wäre. Heute, wo Männer nur selten den Frack tragen (müssen), ist es kein Kleider-Fauxpas mehr, wenn Frauen ein langes Abendkleid anziehen, auch wenn die Männer bloß den Smoking tragen (sollen). Eher ist das lange Kleid sogar Standard. Klassisch gesehen, ist das lange Kleid zum Smoking allerdings noch nicht richtig, so dass Sie, wenn Sie kein langes Kleid tragen wollen, beim Kleidervermerk *Smoking* auch getrost darauf verzichten können.

Welche Kleidung ist bei einem Kleidervermerk Smoking für Frauen richtig?

Als kleines Abendkleid zum *Smoking* und zur Sommervariante *Dinnerjackett* ist dagegen der unumstößliche Klassiker das kurze Cocktailkleid. Das Cocktailkleid, auch mit Dekolleté, ist ein typisches Produkt der Fünfzigerjahre und wurde wohl eigens für Cocktailpartys erfunden. Als sein Erfinder wurde Christian Dior mit dem Cocktailkleid der neuen Lust am Luxus gerecht. Das Abendkleid mit nur knieumspielender Rocklänge ermöglichte es der eleganten Trägerin, vom Nachmittag bis in die Nacht perfekt angezogen zu sein. Das Material ist edel und meist ganz oder teilweise aus Samt, Brokat oder Seide. Je nach Anlass ist auch das kleine Schwarze – das beim Kleiderwunsch *dunkler Anzug* getragen wird – in Edelversion, als elegantes Jackenkleid bzw. sehr festliches Kostüm, durchaus akzeptabel. Das klassische kleine Schwarze wurde 1926 – in den Goldenen Zwanzigerjahren – von keiner Geringeren als Coco Chanel erfunden. Ihr *little black dress* ist nach wie vor ein Musterbeispiel für zeitlose Eleganz – mit immer wieder neuen reizvollen Interpretationen. Nur notfalls und wenn nicht getanzt wird ist man auch in einem sehr, sehr eleganten Hosenanzug korrekt gekleidet.

Egal, für welches Kleidungsstück Sie sich entscheiden, wichtig ist, dass die Schultern – zumindest beim Essen – bedeckt bleiben. Ein Schal, eine Stola oder eine kleine Jacke, die Sie ja später ablegen können, sollten Sie unbedingt bei sich haben. Und ganz egal, wie schön Ihre Beine sein mögen, dezente Strümpfe sind ebenso obligatorisch wie elegante Abendschuhe, die zumindest vorn geschlossen sein müssen.

Auch die kleine Handtasche ist Pflicht. Schmuck darf zum *Smoking* – je nach Anlass – auch etwas großzügiger angelegt werden, wenn er echt ist. Da ein festlicher Abend keine Zeit kennt, ist jede Armbanduhr unpassend. Andere Uhren, etwa an der Kette oder als Ring, sind es ebenso.

Das Dinnerjackett ist kein *dinner jacket*

Nein, die Schleife ist schwarz! Solche Extravaganzen sind nichts fürs gesellschaftliche Parkett. Gesellschaftliches Parkett ist glatt und man kann nur zu leicht auf ihm ausgleiten. Immerhin darf man nicht auf die gleiche Gnade hoffen wie Stars und Sternchen aus dem Showbusiness, die mit ihrem auffälligen, glamourösen Outfit auch auf ein Titelseiten-Foto spekulieren. Ob man über sie schmunzelt oder nicht, spielt dabei für sie kaum eine Rolle. Für Sie hingegen gilt dies sicherlich nicht. Und um nicht ungebührlich aus der Masse herauszuleuchten, sollten Sie zunächst nur richtig angezogen sein.

> **Ist ein Dinnerjackett einfach ein Smoking, und kann man dazu auch eine gemusterte Fliege tragen?**

Das Dinnerjackett ist der kleine Gesellschaftsanzug für festliche Abendveranstaltungen offiziellen Charakters, die unter freiem Himmel in den Sommermonaten ohne «r», also von Mai bis August, stattfinden. Typische Gelegenheiten sind Feste auf Kreuzfahrtschiffen oder offizielle Gartenfeste. Das Dinnerjackett wird wie der Smoking stilgerecht niemals vor 19.00 Uhr getragen. Als einziger Unterschied zum Smoking ist die Jacke der Dinnerjackett-Kleidung weiß oder naturweiß bis zart beige (écru). Alle anderen Details bleiben dieselben wie beim Tragen eines Smokings. Auch das Dinnerjackett ist ein- oder zweireihig, und sein Schalkragen oder das steigende Revers ist immer mit einem Seidenbesatz versehen.

Die umschlaglose, schwarze Smokinghose hat einen einfachen Galon. Obligatorisch gehört auch zum Dinnerjackett entweder die schwarze Smokingweste aus Brokat oder Seide oder der klassische schwarze, seidene Kummerbund mit den nach oben offenen Querfalten und, charakteristisch, die schwarze Seidenschleife. Das Smokinghemd ist mit einer verdeckten Knopfleiste, immer mit Doppelmanschetten und entweder mit einem Kläppchen- oder mit einem Umlegekragen versehen. Das elegante Smokinghemd ist weiß, hat eine gestärkte Brust und kann mit Stickereien oder mit Biesen verziert sein. Die obere Hemdbrust ist oft längs- oder quergefältelt oder mit Baumwollpikee verstärkt. Zu einem eleganten Abendanzug passen nur lange Seiden- oder feinste Wollkniestrümpfe und schwarze, schnörkellose elegante Schuhe. Das können sowohl der schwarze Oxford als auch Abend-Slipper oder Lackschuhe sein. Komplettiert wird auch das weiße Dinnerjackett mit einem einfachen weißen Baumwoll- oder Leineneinstecktuch.

Frauen tragen passend zum Dinnerjackett – wie auch zum Smoking – das kleine Abendkleid. Und selbst wenn das Fest bei bestem Sommerwetter stattfindet, sollen Beine und Füße bekleidet sein, und auch die Schultern sollten Sie, zumindest während des Essens, bedecken. Das Dinnerjackett heißt in England *white dinner jacket*, während das dortige *dinner jacket* in Deutschland *Smoking* genannt wird.

Frackzwang ist heute selten

Wird man eigentlich wirklich jemals einen Frack benötigen? Wahrscheinlich haben Sie recht, Sie werden kaum in die Verlegenheit kommen, einen Frack anziehen zu müssen. Betrachten Sie daher diese Hinweise als *interessant zu wissen*, und sollten Sie doch einmal den *großen Gesellschaftsanzug* anziehen müssen/dürfen, erinnern Sie sich bitte daran, dass es beim Frack nun wirklich auf die Details ankommt. Er ist immerhin das eleganteste Kleidungsstück für einen Mann schlechthin und daher werden im Frack Stilfehler aller Art immer doppelt peinlich.

Der Frack wird – stilgemäß – niemals vor 19.00 Uhr getragen. Heute sollte er ausschließlich bei Gelegenheiten angezogen werden, zu denen er als Bekleidung vorgeschrieben ist – was allerdings auch nonverbal vermittelt worden sein kann. Die Frackjacke ist zwingend schwarz, vorn sehr kurz tailliert, zweireihig und läuft hinten auf Knielänge in den sogenannten Schwalbenschwanz aus. Sie ist aus dem gleichen Stoff wie die Frackhose gearbeitet, und die Revers haben einen Seidenbesatz. Die Frackjacke wird übrigens niemals geschlossen.

Obligatorisch gehört zum Frack:

▶ Die schmal geschnittene, umschlaglose, schwarze Hose mit doppeltem Seidengalon (aufgesetzte Längsstreifen auf den äußeren Längsnähten) hat einen hohen schlaufenlosen Bund und wird daher mit Hosenträgern getragen.

▶ eine weiße, tief ausgeschnittene Frackweste aus steifem Baumwollpikee, die rückenfrei ist

▶ Das weiße Frackhemd mit Kläppchenkragen hat eine gestärkte Brustpartie und steife, einfache Manschetten für Manschettenknöpfe. Die Schmuckknöpfe sind entweder aus Perlmutt, aus Perlen oder aus Gold. Eine Lasche befestigt das Frackhemd an der Hose, so dass es jederzeit tadellos sitzt.

▶ Selbstverständlich sind die speziellen Frack-Manschettenknöpfe aus Edelmetall.

▶ Die weiße Schleife ist aus weißem Baumwollpikee und wird immer von Hand gebunden.

▶ ein weißes Leineneinstecktuch

▶ schwarze Seidenkniestrümpfe

▶ schwarze, schlichte Lackschuhe im Oxford-Schnitt mit geschlossener Schnürung oder – ganz traditionell – Lackschuh-Pumps mit Seiden-Querschleife

▶ keine Armbanduhr, sondern eine flache goldene Taschenuhr ohne Deckel

▶ Eine Frackuhr wird an einem sogenannten Bierzipfel (ein Anhänger aus goldgefasstem schwarzen Rips) getragen.

Mit schwarzem Zylinder? Dann gehören dazu der Frackmantel und weiße Ziegenlederhandschuhe. Der weiße Seidenschal wird wirklich nur unter dem Mantel getragen und weder, wie in alten Filmen zu sehen, sichtbar um den Hals gelegt noch über den Mantel drapiert.

Und nur im *Frack* oder in entsprechender Parade-Uniform ist es für Männer und Frauen korrekt, anlässlich hochoffizieller Staatsempfänge auf der linken Brustseite Ordensoriginale zu tragen, wie etwa das Großkreuz des Bundesverdienstordens, Halsorden und Bruststerne oder sogar die kleine Ordensschnalle.

PS: Frackträger sollten sich bitte nicht auf ihren Schwalbenschwanz setzen. Das gilt nicht als fein.

Abendrobe ist zeitlos

Zu welchen Gelegenheiten muss man ein langes Abendkleid tragen? Zum großen Gesellschaftsanzug, dem Frack, dürfen, nein, müssen Frauen sich für das große Abendkleid entscheiden. Würde man die wichtigsten Merkmale der klassischen großen Festrobe von heute mit über 100 Jahre alten festlichen Abendkleidern vergleichen, könnte man meinen, die Zeit sei stehen geblieben. Grund dafür ist, dass die Kleidervorschriften des 18. und 19. Jahrhunderts, die am höfischen Zeremoniell ausgerichtet waren, auch heute noch die Basis für gültige Regeln zur Abendmode der Frauen sind.

Es gibt nur kleine Unterschiede in den Details wie moderne Stoffqualitäten und modische Zierelemente. Dennoch haben Frauen – innerhalb einiger Vorgaben – am Abend ein breites Spektrum origineller persönlicher Auslegungen.

Egal, ob Sie den großen Auftritt lieben oder nicht, diese formalen Richtlinien für festliche Abendroben gelten nach wie vor:

▸ Die große Festrobe ist zwingend bodenlang und darf auch recht groß dekolletiert sein.

▸ Die festliche Robe ist perfekt geschnitten und aus edelsten Materialien wie Seide, Samt oder Brokat, Chiffon oder Organza gearbeitet und wirklich elegant nur ohne Strass, Gold- oder Silberlamé, Pailletten und Glitzer.

▸ In die ganz kleine Abendhandtasche passen gerade ein Taschentuch, der Lippenstift und etwas Kleingeld.

▸ Unbedingt sind auch hier während des Essens die Schultern bedeckt zu halten, daher gehört eine Stola, ein Cape, ein Schal, eine Jacke o. Ä. zwingend dazu.

▸ dezente Strümpfe

▸ Die zumindest vorn geschlossenen Schuhe passen zum Stoff der Robe und sind immer aus feinsten Materialien gearbeitet.

▸ Tragen Sie Abendhandschuhe? Dann: nur zum ärmellosen Kleid. Die Ringe werden in jedem Fall unter den Abendhandschuhen getragen. Abendhandschuhe werden zur Begrüßung anbehalten, zum Essen jedoch abgelegt.

▸ Je nach Jahreszeit gehört selbstverständlich auch ein Abendmantel dazu!

Und der Schmuck?

▸ Es darf auch ein bisschen mehr sein. Legen Sie ruhig den ganz großen, prunkvollen Schmuck an – jedoch, elegant sollte er sein.

▸ Zur großen Abendrobe wird kein reiner Goldschmuck ohne Stein oder Perlen getragen. Es dürfen aber die großen Brillanten sein.

▸ Solch ein Abend hat keine Zeit und daher passt zur großen Abendrobe auch keine Armbanduhr.

Hochzeitsgäste – zum Paar passend gekleidet

Wie kleidet man sich passend für eine sehr festliche Hochzeit, auf der der Bräutigam einen Cut trägt?

Schön, dass Sie die Gelegenheit haben, auf eine solch festliche Feier zu gehen. Mindestens genauso schön ist es, dass Sie sich einige Gedanken über die passende Ausstaffierung machen. Immerhin ist das leider gar nicht so selbstverständlich. Der *Cutaway Coat* (kurz: Cut), im Englischen morning coat, wird wegen seines hochoffiziellen Charakters auch oft als *Frack des Tages* bezeichnet. Er ist also der *große Gesellschaftsanzug* für den Tag und somit festlichen Gelegenheiten tagsüber vorbehalten. In Deutschland sind das vor allem kirchliche Trauungen und hochoffizielle traurige Anlässe.

Bei Hochzeitsfeiern, auf denen der Bräutigam einen Cut trägt, können auch alle männlichen Gäste im Cut kommen, auch wenn das in der Einladung nicht ausdrücklich so gefordert wird. Und falls Sie mit dem Gedanken spielen, sich ebenfalls so festlich zu kleiden, sollten Sie sich unbedingt dafür entscheiden. Das Brautpaar wird sich darüber freuen, drücken Sie doch nicht nur durch Ihr Kommen, sondern auch durch Ihr Äußeres größte Wertschätzung aus. Allerdings müssen Sie einige Details beachten, um sich nicht ins Fettnäpfchen zu setzen.

Wenngleich Sie bei anderen Anlässen statt eines schwarzen auch einen (hell-) grauen Cut wählen dürfen, ist Grau bei Hochzeiten nur dem Bräutigam erlaubt. Männliche Gäste wählen stattdessen den schwarzen Klassiker. Dazu passt für Sie dann nur die graugestreifte Stresemannhose, wohingegen der Bräutigam und der Brautvater auch die hellgraue Hose tragen können. Alle anderen Details zum Cut bleiben klassisch. Etwas weniger festlich, doch ebenfalls korrekt, wäre der Stresemann, als *kleiner Gesellschaftsanzug für den Tag*: eine einreihige schwarze Jacke mit der gestreiften Stresemannhose.

Und recht beliebt war bis vor wenigen Jahren das Longjacket, das Sie unabhängig von der Tageszeit tragen können, so dass Sie sich abends auch nicht noch einmal umziehen müssen. Es ist einreihig und um einiges länger als die normale Anzugjacke, seine Knöpfe sind mit Satin bezogen und die Hose ist aus dem gleichen Stoff gefertigt wie die Jacke. Dazu passen eine Seidenweste mit kleinem Krawattenschal aus Seide und ein weißes oder sehr helles Hemd. Ansonsten – aber darunter geht es nun wirklich nicht mehr, wenn die Hochzeit so festlich gefeiert wird – werden Sie auch im eleganten, dreiteiligen *dunklen Anzug* eine gute Figur machen.

PS: Cut und Stresemann sind nichts für den Abend, da müssten Sie sich abends also noch einmal neu in Schale werfen.

Casual – lässig, aber nur ein bisschen

Sobald eine Bekleidungsvorschrift gegeben wird, erscheint es verhältnismäßig einfach, die richtige Wahl zu treffen. Sowohl für *dunkler Anzug, Smoking* und *Frack,* aber auch *Cut, Stresemann* und selbst für halboffizielle und hochoffizielle Geschäftskleidung ist alles recht eindeutig und für jeden unmissverständlich festgelegt.

Was versteht man unter dem Dresscode *casual*?

Die tatsächliche Stilsicherheit erkennt man dann zwar immer noch im Detail, aber so wirklich falsch machen kann man wenig, wenn man sich an die klassischen Vorgaben hält. Viel schwieriger ist es, Stil und Eleganz in der Freizeit zu beweisen. Erst am Wochenende, wenn Uniformen nicht gefragt sind, wird Stil offenkundig. Nun ist es in den vergangenen Jahren immer häufiger so, dass in Einladungen zu verschiedenen offiziellen Anlässen, wie runden Geburtstagen und Gartenfesten, die elegante Freizeitkleidung den Gästen in kodierter Form als Kleidervermerk vorgegeben wird. Da ist für diejenigen, die in solchen Fragen kein gutes Händchen haben, guter Rat teuer. *Business casual, smart casual* oder nur *casual* sind die häufigsten Codes, die es dann zu entschlüsseln gilt. Zwar soll den Gästen damit eigentlich mehr Spielraum gegeben werden, aber das macht die Gefahr, zu fein oder zu lässig angezogen zu sein, keinesfalls geringer. Diese Bezeichnungen sind nämlich lediglich neumodische Fantasiebegriffe, für die es gar keine eindeutige Definition gibt.

Der beste Berater ist und bleibt die Überlegung, ob es eine berufliche oder private Situation, ein offizielles oder ein inoffizielles Ereignis ist, mit welchen Personen man zusammen sein wird und in welcher Rolle man selbst dort auftritt. Nur daraus abgeleitet kann man entscheiden, was korrekt ist. Sobald im Bekleidungsvermerk das Wort *casual* auftaucht, ist eine elegante Freizeitkleidung gemeint – immer ohne Krawatte. Die Betonung liegt auf elegant, so dass keinesfalls T-Shirt, kurze Hosen oder Latschen gemeint sind. Vielmehr ist der gebotene Freiraum nicht allzu großzügig zu interpretieren.

Die Empfehlung für Männer:

▸ langärmeliges, sportliches Oberhemd, auch Button-down-Kragen – ohne Krawatte!, eventuell Poloshirt oder Pullover

▸ Navy-Blazer, Sportjacke aus Leinen oder Tweed, eventuell aus Cord

▸ Flanell- oder Wollhose, eventuell Chinos oder Cordhosen, keine Jeans

▸ Brogues, eventuell auch in braunem Wildleder, eventuell Loafer, Monkstrap-Schuhe oder der beliebte Budapester

Die Empfehlung für Frauen:

▸ Kostüm, Hosenanzug eventuell aus hochwertiger Baumwolle, aber nicht das Kostüm und der Hosenanzug aus dem Büro

▸ Etuikleid, Jackenkleid

▸ Bluse, eventuell Twinset, Kaschmir-Pullover oder Poloshirt

▸ Navy-Blazer, Sportjacke aus Leinen oder Tweed, eventuell aus Cord

▸ Wollhose, eventuell Chinos oder Cordhosen, keine Jeans

▸ Rock, eventuell aus Baumwolle oder Leinen

▸ dezente Strümpfe

▸ Pumps, Slingpumps, eventuell Loafer, Mules oder Stiefel

Bei den Farben ist mehr Wahlmöglichkeit gegeben, selbst Braun und Beige sind möglich.

Und neuerdings ist auch der Kleidervermerk *Come as you are* zu finden, *Kommen Sie so, wie Sie gerade sind.* Das ist natürlich nicht wörtlich zu nehmen, falls Sie einen freien Tag haben. Vielmehr ist die branchentypische Geschäftskleidung gemeint. Je nach Branche ist das zwar unterschiedlich, doch weder an den Blaumann noch an Jeans wird bei dieser Kleiderordnung auch nur gedacht. Die Krawatte wird in diesen Situationen selbstverständlich anbehalten, wenn Sie sie mit einem Anzug tragen.

PS: Der aus Amerika stammende *casual Friday* ist zwar deutlich auf dem Rückmarsch, aber dafür müssen wir bald *business attire, informal* und *New York casual* dekodieren.

Schmuck soll schmücken

Goldschmiede, Schmuckdesigner und Juweliere würden einen Katalog von wertvollen Orientierungen zusammenstellen, um Ihre Frage hinreichend zu beantworten, daher wird auf dieser einen Seite gar nicht erst versucht, umfassend zu antworten. Vielmehr sollen Ihnen einige grundlegende Überlegungen helfen, auch mit einer sorgsamen Auswahl und Zusammenstellung Ihres Schmucks Stil zu beweisen.

Worauf sollte man bei der Schmuckauswahl achten?

Schmuck kommt von *(an)schmiegen* und sollte darüber hinaus von *geschmackvoll* kommen. Dass beides nicht dasselbe ist, ist keine Frage, bezeichnet doch der Begriff *Schmuck* heute alles, vom Modeschmuck bis zum wertvollsten Diamanten, was Menschen sich an Ketten, Ringen, Armbändern etc. umhängen oder anstecken können. Allerdings sind viele Schmuckträger sich nicht der Signalwirkung von Schmuck bewusst. Wie die Kleidung bringt der Schmuck Ihr Wertesystem, Ihre Herkunft, Ihr Lebensgefühl, Ihre berufliche oder gesellschaftliche Stellung, Ihren Geschmack, Ihren Stil zum Ausdruck – ob Sie das beabsichtigen oder nicht.

Schmuck als Accessoire Nummer eins und als wichtiger Imagefaktor trägt häufig zur umgehenden Beurteilung und Klassifizierung seines Trägers bei. Deshalb sollten Sie sich vor jedem Schmuckkauf folgende Fragen stellen:

▸ Passt der Schmuck zu Ihrem Typ und zu Ihrem Alter?

▸ Passt der Schmuck zu Ihrem Image oder zu dem Image, das Sie haben wollen?

▸ Passt der Schmuck zu Ihrer Kleidung und zum Anlass?

▸ Passt der Schmuck zu Ihrer Rolle?

So weit gelten die Regeln für Männer und Frauen gleichermaßen, doch während für Männer nur das elegant ist, was nicht auffällt, gilt diese Forderung für Frauen wenigstens nicht immer:

Allgemeine Akzeptanz finden für Männer ausschließlich dezente Manschetten-knöpfe, eine dezente Uhr und der Ehe- oder Partnerschaftsring, wobei es in Deutschland Tradition ist, den Ehering am Ringfinger der rechten Hand zu tragen. Wer darüber hinaus einen echten Siegelring mit einem eigenen Familiensiegel oder -wappen besitzt, wird diesen entweder am Ringfinger oder am kleinen Finger der trauringfreien Hand tragen. Und wer die Gelegenheit hat, im Frack auszugehen, wählt dazu keine Armbanduhr, sondern eine goldene Taschenuhr ohne Deckel oder eine Frackuhr, die an einem Bierzipfel (Anhänger aus goldgefasstem schwarzen Rips) getragen wird.

Frauen haben mehr Freiheiten und damit mehr Möglichkeiten, mit Schmuck ihr äußeres Gesamtbild zu unterstreichen oder aufzuwerten. Mehr als insgesamt sieben Schmuckstücke (Brille, Ehering und Uhr müssen genauso mitgezählt werden wie jeder einzelne Ohrring) sollten aber auch Frauen nicht auf einmal tragen und dabei nicht mehr als drei Ringe auf beide Hände verteilen. Ob Sie zudem eine Kette, eine elegante Armbanduhr, ein Armband oder Manschettenknöpfe tragen, ist Ihre Wahl. Vielmehr sind die Auswahl und die Kombination von Schmuckstücken wichtig, wenn der Schmuck auch schmücken soll.

Und es gilt nach wie vor ein ungeschriebenes Gesetz, nach dem es stilvoll ist, den Schmuck am Tage bescheiden, am Nachmittag etwas eleganter und erst am Abend auffällig glänzender und prachtvoller zu wählen, wenn es der Anlass erlaubt. Wobei eine Uhr, egal, wie wertvoll sie auch sein mag, an einem festlichen Abend zu Hause bleiben soll. Festliche Abende haben keine Zeit – jedenfalls nicht für Frauen.

PS: Schmuck *nur* als Accessoires zu verstehen, ist eigentlich bereits ein Fauxpas.

Schmuck gestern und heute

Viele klassische Regeln der Etikette haben sich in den vergangenen Jahrzehnten geändert. Das ist bei den Schmuckregeln nicht anders. Dennoch sind traditionelle Regeln immer hilfreich für jene, die lieber auf Nummer sicher gehen. Sie können nichts falsch machen, falls Sie sich nach wie vor daran halten wollen und Ihnen diese Regeln noch gefallen.

Gibt es Regeln für die Kombination von Schmuckstücken?

Früher galt es beispielsweise als stillos, Gelb- und Weißgold miteinander zu verbinden oder gleichzeitig Schmuckstücke aus Gelb- und Weißgold bzw. Platin zu tragen. Das Verbot ist zwar ganz und gar aufgehoben, doch ungeachtet dessen gehört viel Stilempfinden dazu, Gelb- und Weißgold gekonnt aufeinander abzustimmen. Ebenso ist es seit Langem kein Problem, Brillanten mit Gelbgold zu kombinieren, statt sie wie traditionell üblich ausschließlich in Platin oder Weißgold zu fassen. Auch die frühere Regel, dass am Tage keine farbigen Edelsteine getragen werden dürfen, ist inzwischen Schnee von gestern. Allerdings sollten Sie im Umgang mit farbigem Schmuck besonders darauf achten, nicht durch zu viel Buntheit die Eleganz Ihrer Erscheinung zu beeinträchtigen.

Große Diamanten sind zwar nach wie vor nur dem großen abendlichen Auftritt vorbehalten, jedoch dürfen heute kleine Diamanten auch am Tage getragen werden, ohne dass es als Angeberei und somit als Stillosigkeit ausgelegt wird.

Perlen haben als Glücksbringer für Liebe und Schönheit in weiten Teilen der Welt (auch in Europa) als Hochzeits- und Brautschmuck eine lange Tradition und waren sogar berühmte Hochzeitsgeschenke von Königen. Sie erschienen den Menschen schon immer magisch und geheimnisvoll. Aus dieser großen Faszination entstanden viele Legenden, nach denen Perlen auch oft mit Tränen assoziiert werden – mit Tränen der Götter und mit Tränen aus Liebe. Als Prophezeiung für Tränen in der Ehe sollten sie daher nach dieser Sage nun gerade nicht zur Hochzeit getragen werden. So steht es in alten Ratgebern, und auch wenn sich daran kaum einer mehr hält, ist vielen Menschen diese Assoziation noch bekannt. Wenn Ihnen diese Regel gefällt, machen Sie nichts falsch, wenn Sie zu solchen Gelegenheiten anderen Schmuck tragen. Perlen passen ansonsten nämlich (fast) immer – vormittags, nachmittags und nachts auch.

Noch vor wenigen Jahrzehnten galt Modeschmuck, den es insbesondere als Imitation von echten Schmuckstücken gab, grundsätzlich als billig und geschmacklos. So streng gesehen ist diese Ansicht zwar heute nicht mehr haltbar, obgleich selbst bei hochwertigen Stücken eine gekonnte und harmonische Auswahl ganz viel Fingerspitzengefühl erfordert. Daher ist in praxi Zurückhaltung angebracht. Und auch wenn modische Schmuck-Accessoires nicht mehr prinzipiell verpönt sind, wird es Ihnen, und daran hat sich auch bis heute nichts geändert, nur mit echtem Schmuck von hoher Qualität zu einem eleganten Kleidungsstil gelingen, edel-distinguiert zu wirken und Ihre Persönlichkeit positiv zu betonen.

So erfreulich und fortschrittlich es ist, wenn sich unzeitgemäße und strenge Schmuck-Regeln geändert haben, bergen neue Freiheiten doch auch die Gefahr, sich gründlich zu blamieren oder wenigstens eine Aussage über sich selbst zu treffen, die gar nicht beabsichtigt war. Die Verantwortung liegt bei jedem Menschen selbst, in der jeweiligen Situation rollengerecht den richtigen Ton zu treffen.

PS: Nicht jeder teure Designerschmuck ist automatisch elegant, und auch nicht jedes wertvolle Unikat.

Nicht ohne Handtasche

Welche Handtasche passt zu welchem Anlass? Die Handtasche ist vielleicht sogar das Femininste, was die Modewelt je hervorgebracht hat. Für Männer gibt es da immer noch nichts Vergleichbares; sie müssen ihre Utensilien entweder am Mann tragen oder in der Aktentasche unterbringen – stilvolle Alternativen dazu gibt es für Männer jedenfalls bis heute nicht. Bevor Ende des 18. Jahrhunderts mit dem Pompadour die ersten Handtaschenmodelle aufkamen, trugen Männer und Frauen einen kleinen Beutel am Gürtel, in dem sie das Nötigste bei sich hatten.

Erst um 1800 kamen die ersten Taschen in Mode; weil die damaligen Frauengewänder gar keinen Gürtel mehr vorsahen, wurden sie sozusagen zwangsläufig erfunden. Sie waren winzig und mit schmuckvollen, langen Tragehenkeln versehen. Diese kleinen Taschen hießen *Ridikül* (zu Deutsch: lächerlich) und sind noch heute in den Abendtaschen wiederzuerkennen.

Erst zu Beginn des 20. Jahrhunderts allerdings kam es zum wirklichen Durchbruch der Damenhandtasche als wichtigstem Accessoire und Statussymbol, und das in allen gesellschaftlichen Schichten. In der Oberschicht musste jedoch die Handtasche hundertprozentig zum Gesamtbild passen, von Kopf bis Fuß – und das ist auch heute noch schön. Damals war es für Frauen mit kleinem Budget aller-

dings ungleich schwerer, darauf zu achten, als heute. Denn elegante Damen trugen noch vor wenigen Jahrzehnten sowohl Hut als auch Handschuhe und zogen sich mehrmals am Tag komplett um, so dass sie über Unmengen von Hüten, Schuhen, Handschuhen und Handtaschen verfügen mussten, um diesem Anspruch gerecht zu werden. Zwar muss die Tasche heute nicht mehr haargenau aus dem gleichen Material gefertigt sein wie Schuhe und Gürtel, aber immer noch soll die Handtasche zu den Schuhen und zum Gürtel passen, so dass man doch mindestens 2 bis 3 Exemplare für den Alltag benötigt.

Als Faustregel für die Größe der passenden Handtasche kann gelten, dass die Tasche für den Abend im Restaurant oder im Theater ungefähr halb so groß wie die fürs Büro sein sollte, und die Handtasche zum *Smoking*, also zum kleinen Abendkleid, wiederum nur halb so groß und – ganz richtig – die zur großen Abendrobe lediglich halb so groß wie die zum *Smoking*. Diese Handtasche ist dann eher ein Täschchen, in das mehr als der Lippenstift, ein Taschentuch und etwas Kleingeld nicht hineinpasst. Insofern ähnelt dieses Abendtäschchen deutlich dem allerersten Handtaschenmodell Ridikül.

Zum kompletten Outfit einer Frau gehört zwar nach wie vor die passende Handtasche, daran hat sich überhaupt nichts geändert, doch die Frage *Welche Tasche ist passend?* wird nicht mehr so streng beantwortet. Unterschätzen sollte diese Entscheidung dennoch keine Frau und je wichtiger und festlicher der Anlass ist, umso strenger werden wieder die klassischen Regeln und Forderungen sein. Und mal ehrlich, Handtaschen müssen immer noch strengen Blicken standhalten, wenn sie zum Gesamtbild passend sein sollen.

Höflichkeitsstandards – privat, beruflich und in Gesellschaft

Damen sind Frauen

«Ich muß gestehn, daß mich immer eine Art von Fieberfrost befällt, wenn man mich in Gesellschaft einer Dame gegenüber oder an die Seite setzt, die große Ansprüche auf Schöngeisterei oder gar Gelehrsamkeit macht. Wenn die Frauenzimmer doch nur überlegen wollten, wieviel mehr Interesse diejenigen unter ihnen erwecken, die sich einfach an die Bestimmung der Natur halten und sich unter dem Haufen ihrer Mitschwestern durch treue Erfüllung ihres Berufs auszeichnen. Was hilft es ihnen, mit Männern in Fächern wetteifern zu wollen, denen sie nicht gewachsen sind, wozu ihnen mehrenteils die ersten Grundbegriffe, welche den Knaben schon von Kindheit an gebleuet werden, fehlen?», fragt sich Freiherr von Knigge – ganz zeitgemäß im Jahre 1788.

Er befürchtet, die «gelehrte Dame» sieht mit ihren «unglücklichen Ansprüchen» «die wichtigsten Sorgen der Hauswirtschaft, die Erziehung ihrer Kinder und die Achtung unstudierter Mitbürger als Kleinigkeiten an, glaubt sich berechtigt, das Joch der männlichen Herrschaft abzuschütteln, verachtet alle andren Weiber, erweckt sich und ihrem Gatten Feinde, träumt ohne Unterlaß sich in idealische Welten hinein; ihre Phantasie lebt in unzüchtiger Gemeinschaft mit der gesunden Vernunft; es geht alles verkehrt im Hause; die Speisen kommen kalt oder angebrannt auf den Tisch; es werden Schulden auf Schulden gehäuft; der arme Mann muß mit durchlöcherten Strümpfen einherwandeln; wenn er nach häuslichen Freuden seufzt, unterhält ihn die gelehrte Frau mit Journalsnachrichten oder rennt ihm mit einem Musenalmanach entgegen, in welchem ihre platten Verse stehen, und wirft ihm höhnisch vor, wie wenig der Unwürdige, Gefühllose den Wert des Schatzes erkennt, den er zu seinem Jammer besitzt.»

Inzwischen haben sich die Zeiten grundlegend geändert. Die allermeisten Frauen sind selbstverständlich berufstätig, und insbesondere den erfolgreichen und gebildeten Frauen gegenüber wäre es nicht einmal mehr höflich, die Bezeichnung *Dame* zu verwenden, weil sich mit diesem Begriff lediglich eine gesellschaftliche Anerkennung verbinden lässt, keine als Managerin, Wissenschaftlerin oder Krankenschwester. Und da der gesellschaftliche Wandel nicht nur Folgen für die Damen, sondern auch für die Herren hatte, sind – nicht nur auf die Anrede bezogen – Frauen und Männer allemal zeitgemäßer als Damen und Herren.

Die Bezeichnung *Frau* war früher nur auf den weiblichen Teil der sogenannten Unterschicht bezogen und hat sich erst mit der Emanzipationsbewegung als positiv besetzter Begriff durchsetzen können. Seither definieren sich Frauen nicht mehr allein über ihre untergeordnete Rolle in einer traditionellen Ehe. Heute wird nicht mehr zwischen verheirateten und unverheirateten Frauen unterschieden. Das hat Folgen für die Anrede, für Rangfolgen und sogar für den Handkuss. *Fräuleins* gibt es also nicht mehr, doch auch die Anrede *gnädige Frau* – noch vor 50 Jahren die Anrede für jede verheiratete Frau – ist veraltet. Die Begriffe *Gattin* und *Gemahlin* sind genauso altmodisch wie ihre männlichen Versionen und werden grundsätzlich nicht mehr verwendet, wobei die *Gattin* mit dem *Gatten* bereits in den Fünfzigerjahren sehr umstritten war. Wer heute diese Wörter benutzt, weiß oft gar nicht mehr, in welchen Zusammenhängen sie früher vorkamen, daher hier ein kleiner Rückblick: Sehr viel Höhergestellte fragte man nach ihrer *Gemahlin*, und wenn man etwas besser vertraut war, richtete man an die *Gattin* herzliche Grüße aus. Geantwortet wurde jedoch jedes Mal so wie heute: *Meine Frau ...* und niemals *Meine Gattin ...* oder *Meine Gemahlin ...* Für den *Gemahl* und den *Gatten* gilt das sinngemäß genauso.

Moderne Frauen wollen mit Männern auf Augenhöhe sein und stehen daher zur Begrüßung auf, sie tragen keine bodenlangen Röcke mehr und gehen auch auf der Treppe beim Hinaufgehen vorneweg. Frauen dürfen heute Männern die *Du*-Anrede anbieten, und sie dürfen sich selbst anderen bekannt machen – allerdings nicht mehr mit *Ich heiße Frau Familienname*, sondern mit Vor- und Familiennamen, ohne *Frau*. Frauen haben sogar auf Briefen einen eigenen Familiennamen, selbst wenn sie den Familiennamen ihres Ehemannes tragen – und mit seinem Doktortitel werden sie längst nicht mehr angesprochen. Frauen gehen heute allein ins Restaurant, ohne ihren Ruf zu riskieren, sie dürfen mit dem Kellner verhandeln, den Wein verkosten und sogar die Rechnung bezahlen – auch wenn sie mit einem Mann dort sind. Und wenn Frauen von einem Mann zum Essen eingeladen werden, bekommen sie keine *Damenkarte* ohne Preisangaben mehr. Die althergebrachten *Damenreden* sind heute selbst in traditionellen Clubs verpönt. Und seit Frauen auch allein ins Tanzlokal gehen, fordern sie auch Männer auf – wenn sie wollen. Frauen dürfen selbst im Berufsleben und in der Politik Hosen tragen, was noch vor wenigen Jahrzehnten als skandalös betrachtet worden wären.

Geblieben ist, dass Frauen im Privatleben im Rang höher stehen als Männer und dass selbstbewusste Frauen auch heute noch ehrlich gemeinte und souverän ausgeführte Kavaliersgesten zu schätzen wissen. Wenn nicht, signalisieren sie freundlich, dass sie das nicht wünschen. Und geblieben ist auch, wie es Freiherr von Knigge charmant-ermutigend formuliert hat: «Die Weiber haben einen ganz eignen Sinn, um diejenigen unter den Männern zu unterscheiden, welche mit ihnen sympathisieren, sie verstehn, sich in ihren Ton stimmen können.» Darauf können Sie gewiss auch zukünftig vertrauen.

Kavaliersgesten sind gern gesehen

Welche Kavaliersgesten gelten denn heute noch? Die Schauspielerin Hildegard Knef (1925-2002) soll einmal gesagt haben: «Eine Dame macht es Männern leicht, sich wie Herren zu verhalten.» Zum Begriff des Kavaliers gehört im traditionellen Verständnis die Dame. Dies sind soziale Figuren aus einer vergangenen Zeit, als Frauen ohne Männer in der Öffentlichkeit wenig zu sagen hatten, schon gar nicht als Unverheiratete. Ihren Auftritt in der Öffentlichkeit absolvierte die Dame daher immer an der Seite eines Kavaliers.

Zweifelsohne haben unsere traditionell überlieferten und historisch gewachsenen Umgangsformen in den vergangenen Jahrzehnten eine rasante Veränderung erfahren, wodurch – nicht nur für Kavaliere und nicht nur in Bezug auf die Höflichkeitsgesten gegenüber Frauen – viele Unsicherheiten entstanden sind.

Sind Kavaliersgesten in Zeiten der Emanzipation noch zeitgemäß?
Wollen Frauen solche Kavaliersgesten noch?

Kavaliersgesten an sich sind gar nicht altmodisch, und die meisten Frauen freuen sich darüber (wieder). Allerdings nur dann, wenn die Geste souverän ausgeführt wird und von Herzen kommt. Junge Frauen legen zuweilen sogar mehr Wert auf bestimmte Höflichkeitsgesten als ihre Mütter und achten darauf, wie sicher sie vollführt werden. Dennoch sollten sich Männer vorsichtshalber vergewissern, ob die Frau sich darüber freut, wenn man ihr in den Mantel hilft, den Stuhl zurechtrückt oder die Autotür aufhält. So vermeiden sie zum einen Ablehnungen, zum anderen machen sie bei den Frauen einen guten Eindruck, die Kavaliersgesten wünschen und auch schätzen können.

Wenn Frauen Kavaliersgesten nicht wünschen oder prinzipiell ablehnen, sollten sie dies respektvoll und freundlich signalisieren und sich vorher außerdem fragen, ob es wirklich sinnvoll ist, ehrlich gemeinte Höflichkeitsgesten abzulehnen. Als Zeichen von Emanzipation ist diese Haltung doch wohl nicht mehr zu werten.

Traditionell überlieferte Umgangsformen und Kavaliersregeln beruhen auf zwei Höflichkeitsgrundsätzen: Ein junger Mensch tut einem älteren Menschen etwas Gutes, und ein Mann tut einer Frau etwas Gutes. Diese Prinzipien gelten im Privatleben bis heute.

Traditionelle Kavaliersgesten, die heute in privaten und gesellschaftlichen Situationen noch richtig sind:

▸ Wenn einer Frau etwas zu Boden fällt, hebt der Mann es auf.

▸ Ein Mann steht zur Begrüßung immer auf.

▸ Kein Mann darf sitzen, solange eine Frau steht.

▸ Ein Mann hilft einer Frau beim Hinsetzen und rückt ihr dafür den Stuhl zurecht.

▸ Ein Mann hält einer Frau die Tür auf, auch die Autotür.

▸ Ein Mann begleitet eine Frau nach einer Verabredung bis zur Haustür.

▸ Ein Mann überlässt einer Frau den Ehrenplatz an seiner rechten Seite.

▸ Beim Treppe-Hinaufgehen schützt der Mann die Frau, indem er hinter ihr geht.

▸ Beim Treppe-Hinuntergehen schützt der Mann die Frau, indem er vor ihr geht.

▸ Frauen haben grundsätzlich Vortritt – außer dann, wenn es in der Situation nicht sinnvoll ist.

Heute sind diese Gesten je nach Situation auch einfach von Mensch zu Mensch angebracht – unabhängig von Rang, Alter und Geschlecht. Das sind dann allerdings keine Kavaliersgesten, sondern hilfsbereite Aufmerksamkeiten.

Regeln brechen – freilich mit Stil

Eine gewisse Nonchalance im Umgang ist nur angebracht, wenn man genau weiß, warum man sich über eine Regel hinwegsetzt – und in welcher Weise. Entscheidend ist dabei die konkrete Situation. Souveränes Auftreten setzt dann voraus, dass die jeweilige Entscheidung von Selbstbewusstsein und Sicherheit getragen wird.

Was bedeutet: Wer die Regeln kennt, kann sie auch brechen?

Ein Beispiel: Wer eine Einladung zur Hochzeit am Vormittag mit dem Bekleidungsvermerk *Smoking* bekommt, wird praktisch genötigt, sich über geltende
Regeln hinwegzusetzen. Entweder hält der Eingeladene sich an die Vorgabe und
bricht damit die Regel, dass ein Smoking erst ab 19.00 Uhr getragen werden darf.
Kommt der Gast aber im *dunklen Anzug* zum Fest, würde er die gleichfalls ver-
bindliche Regel verletzen, nach der den Bekleidungsvermerken der Gastgeber Folge zu leisten ist. Er könnte aber auch die Einladenden über ihren Fauxpas aufklä-
ren. Dann verletzte er allerdings die Regel, die Fehler anderer stillschweigend zu
übersehen. Ganz gleich, wie er sich entscheidet, er wird eine Regel brechen müssen. Es sei denn, er sagt formvollendet ab.

Eine andere Regel besagt, der Gast hat Vortritt. Doch bei einem Gang durch das
Unternehmen übernehmen Sie ab und zu die Führung, falls der Gast sich nicht
auskennt – immer in solchen Situationen, wo es sinnvoller ist, selbst voranzuge-
hen. Dann jedoch werden Sie den Regelbruch beispielsweise mit den Worten *Ich
gehe einmal voraus und zeige Ihnen den Weg ...* kommentieren.

Ein drittes Beispiel: Die Regel *Chefs bekommen kein Trinkgeld* kennen viele
Chefs nicht mehr. So kann es beispielsweise beim Friseur passieren, dass, nach-
dem Sie von der Chefin persönlich frisiert worden sind, man Ihnen an der Kasse
auch ein für Trinkgeld bestimmtes Behältnis mit dem Namen der Chefin reicht.
Wieder haben Sie mehrere Möglichkeiten – doch keinen komplett fehlerfreien
Ausweg.

Nur in solchen Situationen ist ein Regelbruch akzeptabel – weil unvermeidlich.
Ansonsten birgt ein Abweichen von der Regel immer die Gefahr, andere zu brüs-
kieren, zu kränken, zu verletzen, zu ärgern, zu ignorieren oder gar zu diskriminie-
ren. Oder man selbst könnte unwissend, unhöflich, tollpatschig oder gar rücksichtslos erscheinen.

Allerdings gibt es auch Situationen, in denen das rigorose Festhalten an bestimmten
Regeln lächerlich oder gar unhöflich wirkt. Wer in einem Schnellrestaurant für die
heruntergefallene Serviette eine neue wünscht, im Biergarten der Kellnerin nicht
den Teller reicht, wenn sie darum bittet, oder vom Hauswein einen Probierschluck
nehmen möchte, benimmt sich nicht nur albern, sondern schlecht.

So ist es genau genommen nicht nötig, Regeln zu brechen; vielmehr ist es richtig,
sich in der Situation angemessen zu verhalten, und da wäre es gerade taktlos oder
ungezogen, sich an eine bestimmt Regel zu klammern allein um der Regel willen.
Das käme für einen höflichen Menschen niemals infrage, weil er sich intuitiv an

zwei schöne Empfehlungen von Freiherrn Adolph von Knigge hält, die nur auf den ersten Blick widersprüchlich erscheinen: «Lerne den Ton der Gesellschaft annehmen, in welcher Du Dich befindest.» und «Sei, was Du bist, immer ganz und immer derselbe!»

Es sollte also nicht darum gehen, die Regeln zu brechen, sondern darum, mit dem Wissen um die Regeln zu erkennen, wann es höflicher ist, eine Ausnahme von der Regel zu machen, um sich angemessen verhalten zu können.

Pünktlichkeit ist kostbar

Pünktlichkeit ist der respektvolle Umgang mit anderer Menschen Zeit – nicht nur im Geschäftsleben. Wer andere also warten lässt, muss damit rechnen, dass man nicht auf ihn wartet, da man Rücksicht auf die nimmt, die pünktlich sind, und nicht auf die, die zu spät kommen. «Jedermann geht gern mit einem Menschen um und treibt Geschäfte mit ihm, wenn man sich auf seine Pünktlichkeit in Wort und Tat verlassen kann.» erinnerte bereits Freiherr von Knigge vor mehr als 200 Jahren.

Muss man immer und in jeder Situation auf die Minute pünktlich sein?

Doch was ist Pünktlichkeit?

«von 19.00 bis 22.00 Uhr» Die Gäste sollen innerhalb der angegebenen Zeit für wenigstens eine halbe bis eine Stunde kommen. Falls es eine Ansprache gibt, wird das entweder in der Einladung angegeben oder sie wird in der Kernzeit zwischen 20.00 und 21.00 Uhr gehalten.

«ab 20.30 Uhr» Die Gäste werden keine einzige Minute vor 20.30 Uhr erwartet, wobei das Ende der Veranstaltung offen ist.

«10.30 Uhr c. t.» c. t. (lat.: *cum tempore = mit Zeit*) Die Gäste werden keine einzige Minute vor 10.30 Uhr erwartet, wobei innerhalb des sogenannten akademischen Viertels, d.h. bis zu eine Viertelstunde nach der angegebenen Zeit, die Plätze einzunehmen sind.

«um 18.30 Uhr» Die Gäste werden um Punkt 18.30 Uhr erwartet.

«18.30 Uhr s. t.» s. t. (lat.: *sine tempore = ohne Zeit*) Die Gäste haben Punkt 18.30 Uhr die Plätze einzunehmen.

Doch es ist nicht nur wichtig, zu Beginn pünktlich zu sein, auch Pausen und En-de-Zeiten sollten eingehalten werden. Während es sicher Veranstaltungen und Verabredungen gibt, bei denen es nicht auf die Minute ankommt, weil niemand auf einen wartet, ist es bei geschäftlichen Verabredungen, beruflichen Terminen, persönlichen Einladungen oder bei Essenseinladungen kein Kavaliersdelikt, nach oder auch vor der angegebenen Zeit zu kommen. Vielmehr wird das von vielen Menschen unweigerlich als Geringschätzung und als Unhöflichkeit interpretiert.

Besonders unhöflich ist Unpünktlichkeit

- ► bei Verabredungen auf Straßen und Plätzen – also im Stehen und dazu draußen

- ► in kleinem Gästekreis – beruflich und privat

- ► bei Einladungen zum gesetzten Essen – ins Restaurant und privat zu Hause

Bei Einladungen nach Hause ist es allerdings beinahe noch unhöflicher, auch nur eine Minute zu früh zu kommen, als eventuelle 3 Minuten zu spät zu klingeln. Aber selbstverständlich werden höfliche Gäste bereits in der Nähe sein und eventuell im Auto warten oder einmal die Straße auf und ab laufen und schon mal die Blumen auswickeln.

Wer absehen kann, dass er aus nicht selbst verschuldeten Gründen zu spät kommen wird, sollte versuchen, telefonisch Bescheid zu geben. Dafür empfiehlt es sich, vor dem Losgehen vorsichtshalber die entsprechende Telefonnummer zu speichern. In jedem Fall ist insbesondere dann, wenn die Verspätung nicht angekündigt werden konnte, eine angemessene Entschuldigung fällig – allerdings nicht immer sofort. Je nach Situation und Rolle sollte man sich beim Zuspätkommen in Meetings oder Konferenzen oder zum gesetzten Essen einfach still und ohne Aufsehen hinsetzen und die Entschuldigung auf eine passende Gelegenheit verschieben. Verabredungen absichtlich nicht einzuhalten – auch Arzttermine, Restaurant-tisch-Reservierungen, Handwerkertermine etc. ist schlicht eine bodenlose Ungezogenheit.

Freunde – für immer

Jede menschliche Beziehung hat selbstverständlich ihre eigenen Regeln, die rau, aber herzlich, oder feinfühlig und liebevoll, aber auch ganz anders sein können und trotzdem für beide Seiten angenehm sind. Dessen ungeachtet ist es auch und gerade unter Freunden und in der Familie notwendig, darüber hinaus höflich und respektvoll miteinander umzugehen. Gerade weil diese Menschen uns so wichtig sind, kommt es darauf an, über ein umfangreiches Verhaltensrepertoire zu verfügen, um sensibel und mit Feingefühl möglichst immer den richtigen Ton zu treffen. Der Grat zwischen Nähe und Distanz ist häufig besonders schmal, vor allem, wenn aus einer Bekanntschaft gerade eine Freundschaft wird. Zwar verzeihen einem Freunde den einen oder anderen Fehltritt leichter als Kollegen oder gute Bekannte, doch mit der Geduld und Toleranz von Freunden großzügiger zu sein, ist meist vollkommen fehl am Platz. Großzügiger sein kann man nur selbst. Halten Sie daher beispielsweise immer Ihre Verabredungen ein, denn auch im Freundeskreis ist Unzuverlässigkeit unhöflich.

> Kann es im Freundeskreis lockerer zugehen, oder sollte man hier genauso viel Wert auf Höflichkeit und Etikette legen wie im Beruf oder im Umgang mit Fremden?

Gute Freunde beweisen zudem in Notlagen nicht nur Fingerspitzengefühl, sondern vor allem auch Verschwiegenheit, sogar ohne dass man ausdrücklich darum bitten müsste. «Eine der wichtigsten Tugenden im gesellschaftlichen Leben und die wirklich täglich seltener wird, ist die Verschwiegenheit», beklagte bereits 1788 Freiherr von Knigge.

Selbstverständlich hat man – Freund hin, Freund her – in einem fremden Haushalt stets Diskretion zu wahren und weder geschlossene Türen zu öffnen noch ohne um Erlaubnis zu bitten sich im Haushalt zu bedienen. *Fühl dich nur so, als wärst du zu Hause* ist also nicht unbedingt wörtlich zu nehmen – damit sich Ihre Gastgeber nicht wünschen, Sie wären es tatsächlich.

Auch über Überraschungsbesuche und nächtliche Anrufe freuen sich selbst beste Freunde nicht immer. Auch engste Freundinnen und alte Freunde müssen nicht immer disponibel sein und jederzeit zur Verfügung stehen. Versuchen Sie, sich in deren momentane Lage zu versetzen, bevor Sie zum Hörer greifen.

Bei Festen und Feiern im Familien-, Freundes- und Bekanntenkreis bieten sich hingegen vielfältige Möglichkeiten, um Ihr soziales Netz – beruflich und auch privat – zu festigen und zu erweitern. Führen Sie Menschen zusammen, von denen Sie glauben, dass sie füreinander interessant sein könnten. Machen Sie Menschen so miteinander bekannt, dass Sie ihnen einen leichten Smalltalk-Einstieg bieten. *Das ist meine Freundin Ines Berger, sie ist auch eine leidenschaftliche Taucherin.*

Fördern Sie die Freundschaft durch individuelle und angemessene Aufmerksamkeiten, die nicht immer etwas kosten müssen – auch einfach nur so, ohne einen besonderen Anlass dafür. Vergessen Sie Jubiläen und Geburtstage nicht, wenn Sie wissen, dass es Ihren Freunden wichtig ist, an dem Tag angerufen zu werden oder einen Brief zu bekommen.

Selbstverständlich bittet man Freunde auch mal um einen Gefallen, doch gerade bei der Bitte um Freundschaftsdienste sollte man unbedingt darauf verzichten, die andere Person unter Druck zu setzen. Lassen Sie ihr die Entscheidungsfreiheit. Und wenn beide Seiten es im Großen und Ganzen als eine Ehre empfinden, um einen Gefallen gebeten zu werden, dann wird es ohnehin ein Geben und Nehmen geben – genau in dieser Reihenfolge, wozu Freunde zunächst bereit sein sollten. Natürlich wird es auch einmal im Freundeskreis kritische Worte geben müssen. Das ist wichtig, jedoch nur richtig, wenn sie freundlich, höflich und mit Respekt gesprochen werden. Dann werden sie sicher dankbar angenommen und sind ein wichtiger Baustein für eine – hoffentlich – lebenslange Freundschaft, die von Wertschätzung getragen ist.

Kurz: «Man verbanne [...] aus dem Umgang mit Freunden jene pöbelhafte Vertraulichkeit, jenen Mangel an Höflichkeit und jene Nachlässigkeit im Äußern [...] und lege endlich auch dem Freunde keine Art von Zwang auf, verlange nicht, daß er sich nach unsern Launen, nach unserm Geschmack richten, noch daß er den Umgang solcher Leute, gegen welche wir eingenommen sind, fliehn solle.»

Mit Behinderungen umgehen

Wie begrüße ich Menschen mit Behinderungen – beispielsweise jemanden, dem der rechte Arm fehlt?

Für Menschen mit Behinderungen gelten natürlich genau die gleichen Etiketteregeln und Höflichkeitserwartungen wie für jeden anderen Menschen auch – angemessen natürlich. Von vornherein zu unterstellen, dass Menschen mit bestimmten Behinderungen etwas womöglich nicht könnten oder wollten oder wüssten, ist ausgesprochen unhöflich, und für sie zu denken, statt taktvoll mitzudenken, ist ebenso unhöflich. Es ist viel wichtiger, gleichzeitig Kopf und Herz sprechen zu lassen und mit der Kenntnis der Regel zu erkennen, welches Verhalten in der Situation angemessen ist.

Unsere Umgangsformen sind variabel und situations- und rollenabhängig. Das hat zwar viele Vorteile, aber die daraus folgenden Unsicherheiten sind groß, weil heute nur derjenige, der auf ein umfangreiches Repertoire an Verhaltensweisen zurückgreifen kann und weiß, welcher Ton im Augenblick angemessen ist, souverän auf Situationen reagieren kann. Respekt, Achtung, Toleranz und Akzeptanz sind immer gefragt, um echte Wertschätzung ausdrücken zu können. Lange Rede, kurzer Sinn: Diese Frage kann ich Ihnen nicht pauschal und allgemeingültig beantworten, weil die Einzelfälle dazu zu verschiedenartig sind. Wichtig ist, dass beide einander helfen – sagen, was sie möchten, und fragen, was sie tun sollen. Was dem einen gefällt, ist dem anderen womöglich gar nicht angenehm. Gutes Benehmen soll jedoch angenehm sein und ist erst dann gut, wenn auch der andere es so empfindet.

Doch bei dem oben genannten konkreten Beispiel sollte an und für sich automatisch die Person über die Form der Handreichung entscheiden, welche in der jeweiligen Situation die ranghöhere Person ist, da es ihr Recht ist, die *Erlaubnis zum Anfassen* zu geben. Falls die Person, die nur einen linken Arm hat, die ranghöhere Person ist, wird die Person, welche in der konkreten Konstellation die rangniedere Person ist, auf die Körpersprache achten müssen, um blitzschnell mit der linken oder rechten Hand reagieren zu können. Falls es sich um den umgekehrten Fall handelt, wird die Person, die nur mit der linken Hand begrüßen kann, reagieren müssen und entweder die linke Hand des Gegenübers annehmen oder für die rechte Hand des Gegenübers die eigene Hand drehen. Zwei höfliche Menschen werden doch für einen freundlichen Handschlag beidhändig bereit sein und eventuell, falls es doch zu einem Kuddelmuddel kommt, souverän mit einem ehrlichen, freundlichen Lächeln die Situation meisten können.

Wieder einmal entscheiden also Rangfolgen darüber, ob ein Verhalten höflich ist oder nicht. Und es ist erneut nur davor zu warnen, davon auszugehen, dass wohl der andere die Regel nicht kennt, um dann selbst aktiv zu werden. Vielmehr wird es beispielsweise eine Frau mit nur einem linken Arm in einer privaten Situation als respektlos empfinden, wenn ein junger Mann ihr die Hand hinstreckt – ganz egal welche. Begegnet sie allerdings in einer beruflichen Situation dem männlichen, jüngeren Firmenchef, sollte es ebenso egal sein, welche Hand er ihr reicht. Hauptsache, er tut es überhaupt – wenn er auch die anderen Mitarbeiter auf diese Weise begrüßt –, und selbstverständlich mit Wertschätzung. Blickkontakt zu suchen, dem Gegenüber die volle Aufmerksamkeit zu schenken und wenigstens einen Augenblick Zeit zu haben, um sich gegebenenfalls miteinander bekannt zu machen und/oder für ein zumindest kurzes, nettes Gespräch – egal, ob man stehen, sehen, sprechen kann oder nicht –, sind dagegen für jede Begrüßung mit dem Handschlag ein glaubwürdiges Zeichen von Höflichkeit und Respekt. Eine dieser Regeln zu verletzen gehört dagegen unweigerlich in die Kategorie *schlechte Manieren*.

Sonnenbrille nur bei Sonnenschein

Sollte man die Sonnenbrille absetzen, wenn man mit anderen spricht?

Wie es der Name ja schon nahelegt, trägt man die Sonnenbrille bei Sonnenschein. Dann ist die Sonnenbrille nicht nur ein notwendiger Schutz der Augen vor störenden oder schädlichen Sonnenstrahlen, sondern sowohl ein modisches als auch schmückendes Accessoire. Keine Frage!

So weit, so gut. Doch sobald Menschen miteinander in Kontakt kommen, möchten sie sich in die Augen schauen. Durch die getönten Sonnenbrillengläser wird dieser Blick jedoch zumeist abgeblockt, so dass insofern ein gewisses Ungleichgewicht zwischen zwei Gesprächspartnern entsteht. Schließlich hilft uns der Blick in die Augen auch, das zu verstehen, was nicht gesagt wird. Ist nicht erkennbar, dass jemand den Blick abwendet, könnte Skepsis, Ablehnung oder auch ein gewisses Desinteresse gar nicht wahrgenommen werden. Wer den Blickkontakt im Gespräch meidet, hat vielleicht Schuldgefühle, ist unsicher oder ängstlich oder möchte lediglich seine Intimsphäre waren. Ganz plötzlich aufgerissene Augen könnten darauf hindeuten, dass das gerade Gesagte nicht verstanden wurde oder dass es Verblüffung, Entsetzen oder einen Schreck verursacht hat. Selbstverständlich dürfen solche Mimiken nur in Verbindung mit dem gesprochenen Wort gewertet werden, doch sie fehlen dem Sender als Rückmeldung. Es könnte also der Eindruck entstehen, der Sonnenbrillenträger hätte etwas zu verbergen und wünsche daher keinen Blickkontakt – möchte sich verstecken. Daraus resultiert die einheitliche Ansicht, dass es insbesondere bei der Begrüßung und im Gespräch höflich ist, die Sonnenbrille abzunehmen.

In geschlossenen Räumen und natürlich, wenn gar keine Sonne scheint, wirkt der Sonnenbrillenträger immer etwas überkandidelt, sogar komisch, doch eben auch unseriös. Selbst, um eventuell eine Übermüdung oder Erschöpfung zu kaschieren, ist das Tragen von Sonnenbrille in Gesellschaft keine akzeptable Methode. Geschmunzelt wird im Übrigen häufig über jene Frauen, die die Sonnenbrille einzig als Haarreif benutzen und mit der Sonnenbrille auf dem Kopf stundenlang im geschlossenen Raum oder bei fehlendem Sonnenschein auf sich aufmerksam machen.

Allerdings sollte auch der Kritiker vorsichtig bei seinem Urteil sein, denn es gibt durchaus auch Fälle, bei denen der Sonnenbrillenträger aufgrund einer Augenkrankheit gezwungen ist, die Augen vor hellem Licht oder gar Sonnenlicht zu schützen, sich aber nicht jedem gegenüber erklären möchte. Für alle anderen ist bei besonders stark blendendem Sonnenschein zu empfehlen, allemal zur Begrüßung und am Gesprächsanfang die Sonnenbrille abzusetzen. Später kann eventuell darum gebeten werden, die Sonnenbrillen wenigstens zeitweise wieder aufzusetzen. Handelt es sich jedoch um ein intensiveres oder sehr persönliches Gespräch, sollte ein Ort aufgesucht werden, an dem man sich ungestört in die Augen schauen kann.

Kunde sein mit Stil

So, wie es in den Wald hineinschallt ..., Sie kennen das. Dennoch sollten Verkäufer (Frauen und Männer) – egal, ob sie Geschäftsinhaber oder Angestellte sind – auch gegenüber unfreundlicher Kundschaft freundlich bleiben und jeden Kunden höflich und zuvorkommend beim Einkauf beraten. Das erwartet jeder Kunde ganz selbstverständlich.

Welches Mindestmaß an Höflichkeit kann ein Verkäufer von seinen Kunden erwarten?

Immerhin sind die Zeiten vorbei, wo Kunden beim Betreten mancher Geschäfte mit dem Blick *Kann die sich das hier leisten?* taxiert, nicht zurückgegrüßt und dann vielleicht übersehen wurden. Heute wird fast jeder Kunde erwartungsvoll mit *Kann ich Ihnen helfen?* angesprochen und beim Gehen bekommt er den meist freundlichen Wunsch *Und noch einen schönen Tag* hinterhergerufen. Leider hören Kunden diese Sätze allerdings auch oft von hinten und empfinden sie somit doch wieder nicht als höflich, sondern als Floskel, weil der Augenkontakt fehlt und/oder die gekünstelte oder blasierte Stimme nicht zu den freundlichen Worten passt.

Da nun aber gutes Benehmen und guter Stil nicht teilbar sind, ist ein höfliches und freundliches Auftreten von jedem Menschen grundsätzlich gegenüber jedermann und allerorts zu erwarten – auch vom Verkäufer und vom Kunden. Selbstverständlich! Natürlich werden höfliche Kunden die Schuhe an der Tür abtreten und den nassen Regenschirm am Eingang deponieren. Selbstverständlich grüßt jeder höfliche Mensch zunächst, wenn er ein kleines Geschäft betritt oder – in größeren Häusern – spätestens dann, wenn er eine andere Person – die Verkäuferin oder den Verkäufer – anspricht. Und *Ich hätte gern ...* oder *Geben Sie mir bitte ...* klingt freundlicher als *Ich bekomme ...* – ohne *bitte*. Darüber hinaus freut sich natürlich jeder über ein ehrliches Lächeln. Auch wenn die Ware in Regalen zugänglich ist, sollte man nicht alles anfassen oder sogar herauszerren – womöglich mit klebrigen Fingern. Wenn Sie etwas genauer betrachten wollen, hilft Ihnen – hoffentlich – das Personal gern. Wer etwas anprobiert, sollte darauf achtgeben, dass die Kleidung danach genauso ausschaut wie vorher, und dazu gehört, dass sie nicht liederlich zerknautscht in der Kabine zurückgelassen wird.

Besonders unschön ist es, Kleidung oder sogar Schuhe direkt auf der Haut zu probieren – nicht nur für das Verkaufspersonal. Manch ein Kunde verliert augenblicklich das Vertrauen darin, dass die Sachen, die in diesem Geschäft erworben werden können, einwandfrei und hygienisch perfekt sind, wenn er Zeuge einer derartigen Anprobe wird und ferner mit anschauen muss, wie wenig souverän Verkäufer sich in solchen Situationen verhalten. Dieser Kunde wird dann vielleicht in diesem Geschäft nicht mehr einkaufen wollen. Und wenn Ihnen als Kunde trotz aller Sorgfalt dennoch einmal ein Missgeschick passieren sollte, ist es allemal selbstverständlich, dies zuzugeben und sich dafür zu entschuldigen.

Beim Einkaufen gehen Kunde und Verkäufer gewissermaßen ein Geschäftsverhältnis ein und da wird Respekt auf beiden Seiten verlangt. Nur wenn beide Parteien mit dem Ergebnis zufrieden sind, war es ein gutes Geschäft – dann hat das Geldausgeben sogar Spaß gemacht.

Einen Fauxpas bemerken

Wie verhält man sich richtig, wenn andere einen Fauxpas begehen? Fettnäpfchen lauern überall und es vergeht kaum eine Begegnung, bei der nicht in eines hineingetreten wird. Nicht, dass man es dem Unglücksraben ins Gesicht sagen würde, doch eine plötzliche Abkühlung im Verhalten der anderen, ein abgewendeter Blick oder peinlich berührte Stille sind deutliche Anzeichen. Letztlich ist es ja schon so, dass man mit einem Fauxpas entweder andere Menschen verletzt, ärgert oder gar diskriminiert oder aber sich selbst als tollpatschig, unhöflich oder ungebildet zeigt. Nun gibt es aber auch solche Fauxpas, bei denen alles nur halb so schlimm ist. Und das sind glücklicherweise die allermeisten.

Wie die Beobachter jedoch am besten reagieren sollten, ist zum einen von der konkreten Situation abhängig, zum anderen vom Verhältnis zu der betreffenden Person, und obendrein eben auch von der Art des Fauxpas. Hat man seinen Fehler bereits selbst bemerkt, ist er einem ohnehin peinlich, und die Umstehenden sollten den Vorfall einfach großzügig übersehen. Bei einem größeren Malheur ist das manchmal nicht möglich, doch dann rettet auch oft ein wohlwollender Kommentar, der alles halb so schlimm erscheinen lässt, die Situation. Zuweilen kann ein freundlicher Scherz die Lage deutlich entspannen, wenn die Komik nur nicht spöttisch oder verletzend ist.

Weitaus schwieriger ist es, wenn die betreffende Person selbst gar nicht merkt, dass sie etwas falsch macht. Wird der Fehler nur von Ihnen bemerkt, sollten Sie den Fehler als höflicher Menschen tunlichst übersehen. Wenn auch andere Personen die Peinlichkeit bemerkt haben und den Pechvogel auslachen oder sogar verspotten, sollten Sie helfend eingreifen, indem Sie der Person sprichwörtlich die Hand reichen und ihr aus der Situation heraushelfen. Auf welche Weise Sie das machen, ist von den konkreten Umständen der Begegnung abhängig.

Ob es ratsam ist, denjenigen später auf seinen Fehltritt aufmerksam zu machen, ist von der Beziehung zueinander abhängig. Je näher einem der Mensch steht, umso eher hat er eine Chance, dass man ihn aufklärt. Und je dankbarer er dafür ist und entsprechend reagiert, umso eher wird man ihm auch beim nächsten Fehltritt wieder helfen. Ansonsten wird der Fehltreter vielleicht nie erfahren, was er so alles falsch macht.

Freut sich der oder die Ungeschickte über Ihre Ehrlichkeit, ist Ihnen für den diskreten Hinweis dankbar und sieht darin einen Vertrauensbeweis, dann dürfen auch Sie selbst die berechtigte Hoffnung hegen, aufgeklärt zu werden, falls Sie einmal durch eine Ungeschicklichkeit auffallen sollten.

Wenn sich jemand hingegen absichtlich rücksichtslos und egoistisch verhält, ist das kein klassischer Tritt ins Fettnäpfchen, sondern schlicht ungezogen. In solchen Situationen sollten Sie das unbedingt sachlich ansprechen – und damit auch Zivilcourage zeigen. *Benimm dich anständig* beinhaltet auch die Forderung nach Fairness und Courage. Höflichkeit bedeutet schließlich nicht, zu allem Ja und Amen zu sagen, und auch nicht, sich alles gefallen lassen zu müssen.

Untersetzer – Für und Wider

Kann man Untersetzer auch auf die Tischdecke legen? Sie ahnen es sicher schon: Diese kleinen Untersetzer dienen nur zum Schutz von empfindlichen Tischplatten aus Holz, Glas oder Marmor. Sie sind keine Dekoration, eher stören sie die Tisch-Optik sogar, weil sie nur selten ein hübsches Accessoire sind. Für den täglichen eigenen Gebrauch von Untersetzern überwiegt vielleicht deren Vorteil, weil Sie vermutlich ganz bewusst darauf achten, Ihre Möbelstücke weitestgehend zu schonen. Das ist allemal verständlich.

Gästen dagegen immer wieder den Untersetzer unterzuschieben wirkt eher etwas kleinlich – besorgt um die Tischplatte, nicht um die Gäste – und bringt die Besucher dann oft in die unangenehme Situation, sich selbst kontrollieren zu müssen. Wenn Besucher ihr Glas ständig wieder an genau den alten Platz stellen sollen und womöglich von dem um die Tischplatte besorgten Gastgeber einen strafenden Blick erhalten, sollten sie dies einmal vergessen, können sie sich schnell unbehaglich fühlen. Da Untersetzer zudem derzeit nicht modern sind, sind viele den Umgang damit gar nicht gewöhnt oder assoziieren gar die Situation im Bierlokal, wo ja ein Bierdeckel als Untersetzer gereicht wird. Das wollen private Gastgeber meist sicher auch nicht.

Untersetzer nun auch noch auf dem Tischtuch zu platzieren, ist außerdem doppelt gemoppelt und lässt die Vorsorge um die Tischplatte nun wirklich übertrieben erscheinen. Vielmehr ist es – auch weil es wesentlich komfortabler ist – richtig, unter das Tischtuch eine Tischtuchunterlage aus Molton mit einer gummierten Unterseite oder mit einem Gummizug zu legen. Mit einer solchen Unterlage erreichen Sie nicht nur, dass die Oberfläche Ihres Tisches vor Flüssigkeiten und auch vor Wärme geschützt wird, sondern auch, dass Ihr Tischtuch vorteilhafter ausschaut und dass Geschirr und Gläser geräuscharm platziert werden können.

Eine der wichtigsten Gastgeber-Tugenden ist doch Großzügigkeit – auch im Denken. Egal, ob Sie für Ihre Gäste stundenlang in der Küche gestanden haben, ob das ein Vermögen gekostet hat oder Sie nach einem Gewürz in der ganzen Stadt unterwegs waren, es war alles ganz schnell und einfach vollbracht und es hat Ihnen vor allem viel Freude gemacht. Und falls es ein Malheur gab oder gibt, ist das gar nicht schlimm. Für eine solche Denkweise und für diese Haltung erlangen Sie Bewunderung – und wie viel Arbeit Sie hatten, wird sowieso jeder ahnen.

Immerhin ist es nicht erst seit 1788 so, dass Gastgebern empfohlen wird: «Man reiche das wenige, was man der Gastfreundschaft opfern kann, in gehörigem Maße,

mit guter Art, mit treuem Herzen und mit freundlichem Gesichte dar. Man suche bei Bewirtung eines Fremden oder eines Freundes weniger Glanz als Ordnung und guten Willen zu zeigen.»

Dagegen wirkt ein vornehmlich um seine Einrichtung besorgter Gastgeber gewiss spießig und kleinlich. Jeder Gast spürt, dass er eigentlich nicht willkommen ist. Vielmehr wirkt es schön, wenn die Gläser gefüllt, der Tisch lebendig und die Stimmung angenehm ist. Gehen Sie außerdem als Gastgeber großzügig mit kleinen Pannen Ihrer Gäste um und machen Sie die nicht mehr zu ändernde Situation nicht schlimmer als sie ist. Für souveräne Gastgeber ist gar nichts passiert, auch wenn sie danach das Tischtuch wegwerfen können. Höfliche Gastgeber bewahren höflichen Gästen gegenüber in jeder Situation Contenance.

PS: In Georgien ist es übrigens nach wie vor Sitte, dass die Gastgeberin vor dem Essen *versehentlich* ein Glas Wein auf dem sauberen Tischtuch umstößt, damit sich die Gäste keine Sorgen machen müssen, wenn ihnen ein Missgeschick unterläuft.

Ältere sind nicht alt

Ist das
Älterwerden
eine Frage des
Alters, ab
wann gilt man
heute als alt?

I hope I die before I get old (Hoffentlich sterbe ich, bevor ich alt werde), textete Pete Townshend in seinem Erfolgssong *My Generation.* Was er wohl heute dazu sagen würde? Immerhin ist er nun selbst längst kein Jüngling mehr.

Auch wenn Sie mit zunehmenden Jahren gesundheitliche oder körperliche Abstriche machen müssen, sind Sie ja nicht automatisch alt – im Denken. Und solange Sie sich für aktuelle Geschehnisse interessieren, ein paar Hobbys haben, Freundschaften pflegen und neue Bekanntschaften machen, gestalten Sie doch Ihr Leben aktiv und nehmen teil. Auch wenn Sie wenig Zeit haben, können Sie die sinnvoll nutzen und sich womöglich sogar ehrenamtlich für andere engagieren. Helfen Sie Jüngeren – sie würden sich freuen, von Ihrer Erfahrung zu profitieren. Das betrifft nicht nur die Familie, sondern auch alle anderen Bereiche; insbesondere gesellschaftliche oder berufliche Erfahrungen sind von unschätzbarem Wert. Das ist die einfachste Formel, um alt zu werden und dabei jung zu bleiben. In diesem Sinne können junge Menschen zwanzig, vierzig oder achtzig Jahre zählen – und manche Menschen bereits mit 30 alt sein.

Daher ist es auch vollkommen richtig, sich zwar modern, aber dennoch dem Alter angemessen zu verhalten und auszusehen. Zwar haben wir es heute mit dem merkwürdigen Phänomen zu tun, dass 60-Jährige einerseits noch nie so fit waren wie heute, andererseits aber auf dem Arbeitsmarkt schlechte Karten haben. Doch niemand sollte sich dazu verführen lassen, mit unpassend wirkenden Methoden zu versuchen, viel jünger auszusehen, als er oder sie ist. Vielmehr ist es schön, wenn ältere Menschen – egal, ob sie jünger aussehen, als sie sind, oder nicht – gepflegt, gut frisiert und alters- und typgerecht gekleidet sind und sich ebenso verhalten. Ein freundliches Gesicht sieht immer schön aus und eine aufrechte (Geistes-)Haltung auch – selbst, wenn Ihr Gesicht viele Falten trägt und Sie gebückt gehen oder sitzen.

Jünger machen können Sie sich jedoch, indem Sie bewusst auf Ihre Wortwahl und auf die Ihrer Mitmenschen achten. *Senioren* passt besser als *Alte* oder *Rentner,* und *Seniorenheim* klingt freundlicher als *Altenheim;* dafür sind *Jugendliche* keine *Kinder* mehr. Lassen Sie nicht zu, bereits durch Sprache diskriminiert zu werden, und sensibilisieren Sie Gedankenlose – am besten mit Selbstironie und Humor.

Ein Anliegen noch in eigener Sache: Junge Menschen legen wieder mehr Wert auf Höflichkeit und gute Umgangsformen, das merke ich sehr deutlich in meinen

Seminaren. Und das nicht nur, weil sie wissen, dass damit ihre Karrierechancen steigen, sondern sie finden gute Manieren einfach angenehm. Dennoch müssen sie feststellen, dass gutes Benehmen altersunabhängig ist – und schlechtes Benehmen ebenfalls. Junge Menschen wissen höfliche Vorbilder anderer Generationen sehr zu schätzen, und sie brauchen sie auch. Doch Verhaltensweisen und Benehmen unterliegen dem Wandel der Zeit. Tolerieren Sie daher neben den traditionellen Regeln neue Formen, ohne Ihre eigenen zu vergessen.

Zu guter Letzt soll Freiherr Adolph von Knigge mit einem Auszug aus seinem Kapitel *Von dem Umgange unter Menschen von verschiedenem Alter* zu Wort kommen, in dem er im Alter von 36 Jahren analysiert: «Der Umgang unter Menschen von gleichen Jahren scheint freilich viel Vorzüge und Annehmlichkeiten zu haben. Ähnlichkeit in Denkungsart und wechselseitiger Austauschung solcher Ideen, die gleich lebhaft die Aufmerksamkeit erregen, ketten die Menschen aneinander. Jedem Alter sind gewisse Neigungen und leidenschaftliche Triebe eigen. In der Folge der Zeit verändert sich die Stimmung; man rückt nicht so fort mit dem Geschmacke und der Mode; das Herz ist nicht mehr so warm, [...] der Jüngling hört die Erzählungen von den Freuden unsrer schönsten Jahre nur aus Gefälligkeit ohne Gähnen zu. Gleiche Erfahrungen geben reichhaltigern Stoff zur Unterhaltung, als wenn das, was ein Mensch erlebt hat, dem andern ganz fremd ist.»

Doch gerade darin liegt auch der Reiz des Miteinanderumgehens – über die Generationen, Geschlechter und auch Nationen und Kulturen hinweg.

Generationskonflikte gab es schon immer

«Ich setze überhaupt keine Hoffnung mehr in die Zukunft unsers Landes, wenn einmal unsere heutige Jugend die Männer von morgen stellt. Unsere Jugend ist unerträglich, unverantwortlich und entsetzlich anzusehen.» Wer sich hier beschwert, ist kein anachronistischer Mitbürger unserer Tage, sondern der griechische Philosoph Aristoteles (384 - 322 v. Chr.). Offenbar war die Klage über die hoffnungslose Jugend auch schon im vierten Jahrhundert vor Christus weit verbreitet.

Hat nicht auch der Generationskonflikt mit gelockerten Etiketteregeln zu tun?

Der Generationskonflikt ist offenbar so alt wie die Menschheit selbst, und geändert hat sich wohl nur, dass die Lebenswelten von Eltern und Kindern, vermittelt über Mode, Musik und Freizeit, noch nie so dicht beieinander lagen wie heute.

Diese Nähe der Generationen hat das Verständnis füreinander erheblich verbessert und fördert die Toleranz, doch es gibt auch eine Kehrseite. Jugendlichen fehlen harmlose Möglichkeiten, Grenzen zu suchen und Streitbares auszuprobieren, um notwendige Erfahrungen zu machen, die sie zum Erwachsenwerden brauchen. Denn wer regt sich schon noch über lange Haare und laute Musik auf? Von einem echten Generationskonflikt kann also nicht so recht die Rede sein. Doch Unterschiede gibt es schon, und nicht nur den Geschmack betreffend.

Es bestehen durchaus noch Auseinandersetzungen über das richtige Verhalten im täglichen Miteinander. Sie existieren allerdings weniger zwischen Alt und Jung als vielmehr zwischen höflichen und unhöflichen, hilfsbereiten oder rücksichtslosen Menschen. Und die gibt es bekanntlich in jeder Altersgruppe. Heute existieren moderne und traditionelle Umgangsformen nebeneinander, und zwar in einem Ausmaß wie niemals zuvor. Sitten und Gebräuche waren zwar immer stark dem Zeitgeist unterworfen, doch die historisch einmalige Geschwindigkeit der gesellschaftlichen Veränderungen im 20. Jahrhundert hat eben auch in diesem Bereich zu Ungleichzeitigkeiten geführt. So sind nach wie vor viele Menschen stark von einer Kinderstube alter Schule geprägt, andere eher nach zeitgemäßen Regeln erzogen worden und wieder andere sind – über die Generationen hinweg – scheinbar sogar ganz ohne Anleitung aufgewachsen.

Jüngere Menschen sollten von Älteren nicht erwarten, dass sie ihre vertrauten Gewohnheiten ablegen. Sie sollten traditionelle und altmodische Formen von Höflichkeit akzeptieren, ohne sie zu belächeln. Ältere Menschen dagegen sollten nicht jede Umgangsform, die ihnen unbekannt ist, pauschal als falsch verurteilen. Schließlich könnte es sich einfach um eine neue Etiketteregel handeln oder schlicht ein Modetrend sein, den junge Menschen – altersbedingt – ausprobieren wollen und müssen, um ihren eigenen Weg zu finden. Dass sie damit (hoffentlich) niemanden belästigen wollen, davon sollten Sie, als aufgeschlossener und (lebens-)erfahrener Mensch, zunächst einfach ausgehen. Mit etwas mehr Respekt, Achtung, Toleranz und Neugier für die verschiedenartigen Verhaltensweisen der Älteren bzw. Jüngeren lassen sich Spannungen zwischen den Generationen durchaus verringern.

Als 36-jähriger Mann – damals mittleren Alters – richtete 1788 Freiherr von Knigge sich verständnisvoll an die Älteren: «Selten nehmen ältere Leute so billige Rücksicht, daß sie sich in Gedanken an die Stelle jüngerer Personen setzen, die Freuden derselben nicht störten, sondern vielmehr zu befördern und durch Teilnahme lebhafter zu machen suchten. Sie denken sich nicht in ihre eignen Jugendjahre zurück; Greise verlangen von Jünglingen dieselbe ruhige, nüchterne, kaltblütige Überlegung, Abwägung des Nützlichen und Nötigen gegen das Entbehrliche, dieselbe Gesetztheit, die ihnen Jahre, Erfahrung und physische Herabspannung gegeben haben. Die Spiele der Jugend scheinen ihnen unbedeutend, die Scherze leichtfertig. Es ist aber wahrlich erstaunlich schwer, sich so ganz in die Lage zurückzudenken, in welcher wir vor zwanzig oder dreißig Jahren waren, und bei dem besten Willen entstehen daraus manche unbilligen Urteile und manche Übereilungen bei Erziehung der Jugend.»

Anschließend schrieb er an die Jüngeren gerichtet: «Es gibt viele Dinge in dieser Welt, die sich durchaus nicht anders als durch Erfahrung lernen lassen; es gibt Wissenschaften, die so schlechterdings langwährendes Studium, vielfaches Betrachten von verschiednen Seiten und kältres Blut erfordern, daß ich glaube, auch das feurigste Genie, der feinste Kopf sollte einem bejahrten Manne, der selbst bei schwächern Geistesgaben Alter und Erfahrung auf seiner Seite hat, in den mehrsten Fällen einiges Zutrauen, einige Aufmerksamkeit nicht versagen. [...], daß ich kein Bedenken trage, dem Jünglinge und Knaben zuzurufen: «Vor einem grauen Haupte sollst Du aufstehn! Ehre das Alter! Suche den Umgang älterer kluger Leute! [...]»

Kinder lieben (Spiel-)Regeln

Eine gute Kinderstube gehabt zu haben, wird dem zugesprochen, der sich angemessen zu benehmen weiß, der sich in Kenntnis unseres Höflichkeitskanons gegenüber jedermann respektvoll verhält. Höfliche Menschen geben ihrer Gesellschaft mit ihrem gepflegten Äußeren, mit ihrer natürlichen Souveränität und mit ihrem selbstsicheren, bescheidenen Auftreten – kurz, mit ihrem angemessenen Verhalten und Aussehen – automatisch ein Gefühl von Wohlbefinden und Wärme. Einerseits vermitteln sie Einfachheit, womit sie ihrem Gegenüber die Befangenheit nehmen, und das macht sie sympathisch und liebenswert; andererseits unterstellt man ihnen aufgrund ihres sicheren Auftretens und ihrer natürlichen Souveränität nicht nur eine höhere (Fach-)Kompetenz, sondern obendrein meist auch eine höhere Bildung. Und schon allein deswegen ist eine gute Kinderstube förderlich für die Karriere – privat, beruflich und in Gesellschaft. Eine gute Kinderstube ist insofern sogar ein gesellschaftliches Interesse – und zwar ganzheitlich und nicht nur auf die Manieren bezogen.

Wie bringe ich meinen Kindern gutes Benehmen bei, ohne sie mit steifen Etiketteregeln zu gängeln?

Allerdings wird ein Benimm-Schnellkurs, wenn zu Hause kein Bitte und Danke, keine Serviette und kein liebevoll gedeckter Tisch Normalität sind, wohl langfristig nicht von Erfolg gekrönt sein. Kinder-Benimm-Kurse sind eher ein originelles Vergnügen als eine empfehlenswerte Erziehungsmethode. Leben Sie stattdessen vielmehr tagtäglich und ganz selbstverständlich in Respekt voreinander, üben Sie gleichfalls Toleranz gegenüber anderen Lebensformen, Kulturen und Generationen, so werden damit bereits in der buchstäblichen Kinderstube die Grundlagen für alle guten Umgangsformen geschaffen, die ein natürliches Miteinanderumgehen erst ermöglichen.

Bereits Freiherr Adolph von Knigge wusste, wie viel Verantwortung mit der Erziehung eines Menschen verbunden ist, wenn er mahnt: «Heilige Pflicht ist es, ihnen [den Kindern] auf keine Weise Ärgernis zu geben; sich leichtfertiger Reden und Handlungen zu enthalten, die von niemand so lebhaft als von den auf alles Neue so aufmerksam horchenden, so fein beobachtenden Kindern aufgefangen werden; ihnen in jeder Art Tugend, in Wohlwollen, Treue, Aufrichtigkeit und Anständigkeit Beispiel zu geben – kurz, zu ihrer Bildung alles nur mögliche beizutragen.»

Jeder, der Umgang mit Kindern hat, weiß, dass das nicht immer ganz einfach ist. Erwachsene haben auch Schwächen und Sorgen und sogar mal einen schlechten Tag. Kinder können jedoch gut zwischen einem Ausrutscher und einer permanent schlechten Atmosphäre und Geringschätzung im Miteinanderumgehen unterscheiden. Gerechte und verstandene Forderungen werden meistens erstaunlich gut akzeptiert – Kinder lieben (Spiel-)Regeln, wenn sie denn von allen eingehalten werden. Kinder sollten dabei zweifelsohne nicht zu kritikloser Höflichkeit erzo-

gen werden – sie sollten vielmehr auch lernen, freundlich, aber bestimmt Nein zu sagen, wobei die Betonung auf *freundlich* liegt. Fordern Sie daher auch bei den kleinen Gästen Ihrer Kinder die Einhaltung Ihrer familiären Spielregeln. Stehen Sie Ihren Kindern zudem mit Rat und Tat zur Seite und akzeptieren Sie, dass beides bei heranwachsenden Kindern nicht immer erwünscht ist.

Schließlich haben es diejenigen mit einer gute Kinderstube später allemal leichter, weil sie die Regeln kennen und wissen, wann und wie sie sie anwenden sollten. Und es besteht auch die berechtigte Hoffnung, dass die erwachsen gewordenen Kinder es sogar recht bald zu schätzen wissen, dass sie als Hänschen gelernt haben, was sie als Hans unter erschwerten Bedingungen noch lernen müssten, damit ihrem Verhalten und ihrem Aussehen eine gute Kinderstube bescheinigt wird. Vor allem aber soll gutes Benehmen immer von Herzen kommen. Das ist ganz wichtig.

Enkelkindern ein Vorbild sein

Und wiederholt ist es Freiherr Adolph von Knigge, dem es gelingt, Komplexes auf den Punkt zu bringen: «Es ist indessen nicht genug, daß der Umgang älterer Leute den jüngern nicht lästig und hinderlich werde; er muß ihnen auch Nutzen schaffen. Eine größere Summe von Erfahrungen berechtigt und verpflichtet jene, diese zu unterrichten, zurechtzuweisen, ihnen durch Rat und Beispiel nützlich zu werden. Dies muß aber ohne Pedanterie, ohne Stolz und Anmaßung geschehn, ohne auf lächerliche Weise für alles eingenommen zu sein, alles anzupreisen, was alt ist, ohne Aufopferung aller Jugendfreuden, beständige Huldigung und untertänige Aufwartung zu fordern, ohne Langeweile zu erregen, und ohne sich aufzudrängen.»

Was kann ich als Oma oder Opa tun, wenn mein Enkelkind überhaupt keine Manieren hat?

Bis heute hat sich daran offenbar nichts geändert: Ob die Beziehung zwischen älteren und jüngeren Menschen dauerhaft ihren Reiz hat, ist auch von dem gegenseitigen Nutzen abhängig. Ihr Enkelkind ist noch ein Kind, aber es kann sehr wohl erkennen, ob es ihm Freude bereitet, mit Ihnen Zeit zu verbringen, oder ob es Ihre Ermahnungen vielmehr als Gängelei – also nutzlos empfindet. Insofern liegt die Verantwortung bei Ihnen als Erwachsenem, dem Kind durch vorbildliches Verhalten und Aussehen zu zeigen, wie wohltuend Höflichkeit ist, wie schön es ausschaut, wenn man ästhetisch und geräuschlos isst, und als wie wertschätzend Höflichkeit empfunden wird. So helfen Sie Ihrem Enkelkind dabei, seinen eigenen Weg zu finden.

Deshalb ist eine gute Kinderstube wichtig und durchaus zeitgemäß. Gewiss ist der Begriff *Kinderstube* nicht nur auf die Benimmregeln allein zu reduzieren, doch brauchen Kinder neben den elementaren Dingen vor allem Bildung, Zuwendung und Grenzen! Das gilt zwar für alle Lebensbereiche gleichermaßen, doch soll hier im Speziellen auf die Umgangsformen eingegangen werden. Und wenn es um Erziehung geht, ist folgerichtig die Vorbildwirkung unseres eigenen Verhaltens entscheidend. Kinder sollten gutes Benehmen darüber hinaus immer als angenehm empfinden – nicht als Zwang. Auf die Umgangsformen bezogen, bedeutet Bildung: Wissen vermitteln (theoretisches und praktisches Wissen); Zuwendung: Werte vermitteln (Leistungswerte, soziale Werte, Kommunikationswerte, ethische Werte) und Grenzen: Verhalten korrigieren (das Kind da abholen, wo es gerade in seiner Entwicklung steht, Ziele setzen, altersgerechte Strategien auswählen, Erfolge belohnen). Natürlich wäre es unseriös, aus der Ferne Erziehungstipps zu geben, aber offenkundig ist, dass Ermahnungen und Gängeleien vielleicht kurzfristig wirken, jedoch nicht dazu führen, dass Menschen es schön finden, sich gut zu benehmen, höflich zu sein und mit Freude zu lernen. Das aber wünschen Sie sich von Ihrem Enkelkind, und Sie erreichen das eher, wenn Sie langfristig auf Erfolge aus sind – nicht nur bei Tisch.

Lassen Sie sich darüber hinaus, beispielsweise beim Tischdecken, unbedingt von Ihrem Enkelkind helfen. Seien Sie hauptsächlich Vorbild und sagen Sie ihm, wie schön es ist, gemeinsam an einem liebevoll gedeckten Tisch zu essen; nehmen Sie sich dafür Zeit, kleiden Sie sich für jedes Essen angemessen, stellen Sie eine Vase mit frischen Blumen oder eine Kerze auf den Tisch und führen Sie eine gepflegte Unterhaltung mit dem Kind (hören Sie zu!!). In einer solchen Atmosphäre fällt es schwerer, sich über den Tisch zu lümmeln. Und wenn es auch nicht gleich funktioniert, Ihr Enkelkind sieht es. Es wird womöglich erst einmal nur beobachten, bevor es Ihnen gegenüber zugibt, dass ihm gutes Benehmen gefällt.

Reisen mit Stil

Gibt es Tipps, wie Touristen sich im Ausland verhalten sollen?

«Manche Leute suchen etwas darin, auf Reisen zu prahlen, viel Geld zu verzehren, glänzen zu wollen und prächtig gekleidet zu sein. Das ist eine törichte Eitelkeit, die sie in den Wirtshäusern teuer büßen müssen, ohne für ihr Geld mehr zu erhalten als der einfache Reisende», schrieb Freiherr von Knigge bereits 1788, als das Reisen noch vor allem den Privilegierten möglich war.

Es ist nach wie vor ein rätselhaftes Phänomen, dass manche Leute ihre persönliche Kultur und ihre Umgangsformen in der Fremde augenblicklich vergessen und sich wie Banausen aufführen. Leider! Dabei beeinflusst das Verhalten von Touristen im Ausland das Image auch all ihrer Landsleute ganz entscheidend – positiv und negativ. Im Umgang mit Menschen ganz allgemein, jedoch in besonderem Maße

dann, wenn Sie im Ausland privat oder beruflich unterwegs sind, hilft Ihnen die Fähigkeit, sich auf Ihr Gegenüber einstellen zu können. Einem höflichen, taktvollen Menschen, dem es in erster Linie darum geht, andere Menschen – unabhängig von Alter, Geschlecht, Religion, Nationalität, Einkommen oder Bildung – wertzuschätzen, wird es überall auf der Welt leichter fallen, sich respektvoll zu verhalten. Darüber hinaus ist es nichtsdestotrotz hilfreich, sich vor einer Reise im jeweiligen Reise- oder Touristenführer über die landesspezifischen Verhaltenserwartungen zu informieren, um nicht gegen die lokalen Sitten, Moralgesetze und Gesellschaftsnormen zu verstoßen. Nicht nur diejenigen, die außerhalb der Touristenzentren Land und Leute kennenlernen wollen, sondern insbesondere auch Geschäftsreisende kommen darüber hinaus nicht umhin, sich über Kulturtraditionen, religiös und historisch begründete Sitten und Tabus sowie über die aktuellen politischen Verhältnisse zu informieren.

«In fremden Städten und Ländern ist Vorsichtigkeit im Umgang zu empfehlen, und das in manchem Betrachte. Wir mögen nun dort Unterricht und Belehrung, oder ökonomische und politische Vorteile oder bloß Vergnügen suchen, so ist es sehr notwendig, gewisse Rücksichten nicht zu verachten. Im ersten Falle, nämlich wenn wir reisen, um uns zu unterrichten, versteht sich's vor allen Dingen von selbst, daß wir wohl überlegen, in welchem Lande wir sind, und ob man da ohne Gefahr und Verdruß von allem reden und nach allem fragen dürfe», mahnte Freiherr von Knigge bereits vor über 200 Jahren.

Es sollte jedem Menschen einleuchten, dass für den Aufenthalt in fremden Kulturkreisen eine sorgfältige Vorbereitung unerlässlich ist. Doch selbst innerhalb

Europas haben Reisende es leichter, wenn sie die Nuancen der Verhaltensstandards kennen, die sich mal mehr, mal weniger von unseren eigenen Gepflogenheiten unterscheiden. Zusätzlich verschafft es Ihnen immer Sympathien, wenn Sie wenigstens ein paar Worte (Begrüßung, *bitte*, *danke* und *Entschuldigung*) in der Landessprache sprechen, sogar, wenn sie diese eher nur radebrechen. Vorausgesetzt, dass Sie dabei Ihrem Gegenüber zulächeln, kommen Sie gelegentlich sogar mit Händen und Füßen weiter – lächeln ist (fast!!) immer richtig. Achten Sie unbedingt auf die Körpersprache und das Distanzbedürfnis Ihres Gegenübers (Sie sind vielleicht zu nahe getreten?), aber ebenso auf die Gestik und auf den Gesichtsausdruck. Dabei können Sie vertrauensvoll davon ausgehen, die Kernemotionen Freude, Angst, Wut und Trauer in allen Kulturen der Welt am Gesichtsausdruck erkennen zu können.

Ganz egal jedoch, was auch der Grund ist, ein *Nein* sollten Sie immer freundlich respektieren. Und nicht zuletzt: Nicht nur die Verhaltenserwartungen im Gastland sollten Sie respektieren, sondern auch die Erwartungen an Ihr Aussehen – insbesondere an Ihre Kleidung. Auch und ausdrücklich bei hochsommerlichen Temperaturen!

Und wer dann noch den erfahrenen Rat des bekannten Experten für Menschenkenntnis beachtet, wird mit der richtigen Einstellung (fast) jede Situation mit Nonchalance meistern und sogar in schwierigen Situationen Contenance bewahren können, so dass er überall auf der Welt gern (wieder)gesehen wird: «Zum Reisen gehört Geduld, Mut, guter Humor, Vergessenheit aller häuslichen Sorgen, und daß man sich durch kleine widrige Zufälle, Schwierigkeiten, böses Wetter, schlechte Kost und dergleichen nicht niederschlagen lasse.»

Hotel – kein Zuhause

Ob der Fauxpas tatsächlich als eine grobe Unhöflichkeit interpretiert wird oder lediglich ein kleines Malheur ist, ist zwar zweifelsfrei von der Hotelkategorie, doch vor allem und insbesondere vom jeweiligen Gastland abhängig. Sie haben sicher ganz bestimmte Vorstellungen und Ansprüche. Werden Sie sich vor der Buchung über die für Sie wichtigen Kriterien bei der Hotelauswahl klar und sprechen Sie diese bei der Reservierung auch an. Denken Sie zudem bitte

Welche Fauxpas gilt es bei einem Aufenthalt in einem stilvollen Hotel zu vermeiden?

nicht nur an das Zimmer selbst, sondern auch an spezielle Zusatzreservierungen, wenn Ihnen das wichtig ist. Eine Hotelreservierung ist bei Urlaubsreisen meist ein verbindlicher Vertrag, beachten Sie also die Stornierungsbedingungen. Lassen Sie dann schon beim Einchecken ins Hotel prüfen, ob Ihre Reservierungskriterien, wie Meerblick oder Nichtraucherzimmer, eingehalten wurden, und erkundigen Sie sich rechtzeitig nach Preisen für Zusatzleistungen, falls Sie etwa zu Telefoneinheiten, Wäscheservice, Parken etc. keine Informationen in Ihrem Hotelzimmer vorfinden.

Bereits beim Betreten des Hotels werden Sie erkennen, welcher Kleidungsstil im Hotel erwünscht ist und in welcher Kleidung Sie sich wohlfühlen werden. Ihre Kleidung sollte zum Stil des Hotels passen und so aussehen, dass sich auch die anderen Gäste in Ihrer Gegenwart wohlfühlen. Und das bedeutet, dass Sie keinesfalls in Badebekleidung oder allzu leger im Hotel umherlaufen sollten. Auch wird es nicht gern gesehen, wenn Gäste mit Latschen, in kurzen Hosen oder Trägerhemd zum Frühstück aufkreuzen.

Nutzen Sie Hotelleistungen und den Service entsprechend der Kategorie des Hauses, erwarten Sie dabei nicht zu viel und nicht zu wenig und denken Sie bitte daran, dass für jede Sonderdienstleistung ein Trinkgeld fällig ist. Bestimmte Leistungen dürfen Sie natürlich nicht in jeder Hotelkategorie erwarten – verlangen Sie also nur das, was Sie auch haben können. Erwarten Sie in einer kleinen Pension bitte nicht den Service eines Fünf-Sterne-Hotels.

Dem Servicepersonal gegenüber wird sich ein souveräner Gast höflich, respektvoll und angemessen distanziert verhalten – egal, ob er eine Dienstleistung wünscht oder eine Reklamation vorzubringen hat. Beanstandungen sollten Sie am besten sofort vortragen und somit dem Hotel die Gelegenheit geben, die Störung abzustellen.

Nehmen Sie ansonsten Rücksicht auf andere Gäste, respektieren Sie deren Privatsphäre. Und schützen Sie auch Ihre eigene, indem Sie unbedingt das Schild *Bitte nicht stören* benutzen, damit nicht morgens, wenn Sie noch nicht oder gerade erst aufgestanden sind, der Zimmerservice hereinschneit und seine Arbeit machen möchte. Zimmer und Bad sind dem Zimmerservice zwar nicht tipptopp aufgeräumt und sauber, doch in einem zumutbaren Zustand zu übergeben.

Kaum erwähnenswert wird es sein, dass Hotelgegenstände nicht Ihnen gehören und nicht mitgenommen werden dürfen. Das wäre Diebstahl. Und vergessen Sie nicht, sich am Ende des Aufenthaltes beim Hotelpersonal mit einem Trinkgeld und ein paar freundlichen Worten angemessen für den schönen Aufenthalt zu bedanken.

Luxus – exquisiten Service stilvoll genießen

Und wie verhält man sich in einem Luxushotel? Für viele Menschen ist das Betreten eines noblen Hotels mit einer gewissen Schwellenangst verbunden. Selbst diejenigen, die dort ein- und ausgehen, fühlen sich manchmal verunsichert, und andere wiederum betreten diese Hotels erst gar nicht aus Angst vor dem glatten Parkett. Dabei hätte man mit mehr Souveränität auch Zugang zu einer Welt, die besondere Gastlichkeit und oft unerwartete Annehmlichkeiten zu bieten hat. Der Aufenthalt in Hotels der Luxus-Kategorie kann zu einem einzigartigen Erlebnis werden, wenn man den luxuriösen Service auch bewusst und gezielt genießen kann. Doch selbst innerhalb dieser Kategorie gibt es Unterschiede, daher sollte man sich unbedingt vorab über den Stil des Hauses informieren, um Enttäuschungen vorzubeugen. Immerhin sind selbst auf hohem Niveau die Geschmäcker verschieden. Größe, Lage, Stil, Vorhandensein eines Spas und andere Merkmale machen das jeweils Besondere eines Hauses aus.

Jeder Aufenthalt in einem Luxushotel kann für die Gäste purer Luxus sein, weil man hier Wert darauf legt, die Gäste zu verwöhnen, und ihnen jeden Handgriff abnimmt. Souveräne Gäste lassen sich diesen Service auch erweisen und wissen, was man von wem erwarten darf. Ob Page, Wagenmeister oder Concierge, man sollte jeden seine Arbeit machen lassen. Die Hotelbediensteten kümmern sich um den Wagen, um das Gepäck, um Theaterkarten, den Babysitter, einen Termin im Spa-Bereich und um Restaurantreservierungen, wenn man sie darum bittet.

Selbstverständlich ist das Hauspersonal höflich und korrekt zu behandeln, und dazu gehört, dass man sich für jede Leistung, mit der man zufrieden war, bedankt – mit einem Dank, mit einem angemessenen Trinkgeld und möglichst persönlich. In

Luxushotels haben die Hotelmitarbeiter ständig etwas in den Zimmern zu richten, so dass jeder Gast peinlichst seine Privatsphäre mithilfe des Schildes *Bitte nicht stören* schützen sollte.

Zweifelsohne ist es allerorts und gegenüber jedermann so, doch insbesondere in persönlich geführten Grandhotels ist Überheblichkeit, Arroganz und Unhöflichkeit vollkommen fehl am Platz – gerade hier ist Höflichkeit ein Statussymbol und wird gleichzeitig von allen als luxuriös empfunden. Je höher die Hotelkategorie, umso mehr wird von jedem Gast erwartet, dass er sich unauffällig, in gewisser Hinsicht rücksichtsvoll verhält und sich zudem korrekt gekleidet dem Stil des Hauses anpasst. Damit der Luxus nun auch bis zur letzten Minute als solcher empfunden wird, sollten Hotelgäste, falls sie es morgens eilig haben, bereits am Vorabend der Abreise sämtliche Abreisemodalitäten klären, so dass das Gepäck pünktlich abgeholt und der Wagen rechtzeitig vorgefahren werden kann.

Und nur noch der Vollständigkeit halber: Wer 300 Euro und mehr für die Übernachtung im Luxushotel ausgibt, sollte denn auch nicht heimlich die Minibar wieder auffüllen, etwas aus dem Hotelzimmer mitnehmen, was ihm nicht gehört, oder am Trinkgeld sparen!

Blumen verschenken

Beim Blumen-ABC scheiden sich die Geister. Selbst Fachleute sind sich da nicht einig, und dennoch bringt es die weitverbreitete Blumensprache mit sich, dass bestimmte Blüten bei vielen Menschen sofort bestimmte Assoziationen hervorrufen. Allerdings werden längst nicht allen Blumensorten eindeutige Aussagen zugeschrieben, und sie rufen auch nicht allgemein gleichartige Empfindungen hervor. Daher sollten Sie beim Verschenken von Blumen einerseits Ihren gesunden Menschenverstand einsetzen, andererseits aber auch ein paar Grundregeln beherzigen.

Was sollte man wissen, wenn man Blumen verschenken möchte?

Blumen sind der Klassiker unter den Geschenken. Ein kleiner Dankeschön-Blumenstrauß, ein großzügiger Geburtstagsblumenstrauß, ein geschmackvolles Gute-Besserung-Sträußchen, ein wertvoller Strauß als Zeichen der Entschuldigung oder der Einfach-nur-so-Blumenstrauß – Blumen passen fast immer. Und sie machen dem Beschenkten auch fast immer Freude. Größe, Farbe und Sorte der Blumen sollten in jedem Fall sowohl zum Anlass als auch zur beschenkten Person passen.

Und sie sollten auch zum Schenkenden passen: Verschenken Sie rote Rosen nur, wenn Sie damit eine Liebeserklärung machen wollen. Weiße Blüten wie Astern, Callas, Chrysanthemen, Hortensien und Lilien haben Symbolcharakter. Sie sind vielen Menschen als Todesblumen oder Friedhofsblumen bekannt. Ganz weiße Sträuße erwecken häufig dieselbe Assoziation. Daher sind solche Blumen für Krankenbesuche beispielsweise nicht zu empfehlen, wenn man kein Risiko eingehen möchte. Verschenken Sie an Personen, deren Anschauungen und Überzeugungen Sie nicht kennen, keine 13-stieligen Sträuße. Eventuell sind sie abergläubisch; die 13 gilt als Unglückszahl. Dem Volksglauben zuliebe sollten Sie zwar auf die 13 verzichten, doch ansonsten muss ein Strauß nicht mehr aus einer ungeraden Zahl von Blüten gebunden sein. Das hatte sowieso weniger mit Etiketteregeln als mit den früher noch völlig anderen Bindetechniken zu tun.

Überreichen Sie den Blumenstrauß selbst, dann sollten Sie ihn vor der Eingangstür – mit den Stielen nach unten – auswickeln und mit der rechten Hand übergeben. Falls Sie als Paar die Blumen übergeben, sollte das der Mann tun. Idealerweise geht das dann so: Die beschenkte Person wird die Blumen mit beiden Händen annehmen, den Blumenstrauß nun in die linke Hand nehmen, so dass sie Ihnen dann die rechte Hand zur Begrüßung oder für die Entgegennahme Ihrer Gratulation geben könnte. Blumen sollten möglichst generell mit beiden Händen empfangen werden.

Unpassend sind Blumen als Mitbringsel zuweilen aber auch. So werden zum Kondolenzbesuch keine Blumen überreicht! Außerdem ist es nicht üblich, bei geschäftlichen Anlässen und bei Gelegenheiten, wo der Smoking getragen wird, Blumen mitzubringen. Dies bedeutet aber keineswegs, dass Sie sich als Gast einer solchen Veranstaltung nicht mit einem Blumengruß für die Einladung bedanken können. Entscheiden Sie sich in solchen Fällen aber unbedingt für den Vorfreude- oder für den Dankeschön-Blumenstrauß per Boten.

Schenken und schenken lassen

Manche Einladungen zum Geburtstag, zur Hochzeit oder zu einem Jubiläum werden nicht nur mit den notwendigen Informationen versehen, sondern auch mit bestimmten Wünschen in Bezug auf Geschenke. *Lieber Geld oder eine Spende für einen guten Zweck* kann das sein, jedoch auch der Wunsch, es möge ganz auf Geschenke verzichtet werden. Da fragt man sich schon, warum eigentlich? Haben Sie wirklich schon alles und keinen heimlichen Wunsch, über den sich die Gäste informieren könnten? Haben Sie keine Interessen, lesen Sie nicht und trinken Sie keinen Wein? Sind Sie einfach nur so bescheiden oder brauchen Sie wirklich nichts mehr? Oder haben Sie etwa vor, Ihren Gästen, denen Sie selbst bereits einmal ein größeres Geschenk gemacht haben, nun ein schlechtes Gewissen zu bereiten?

> **Kann man gleich in der Einladung darauf hinweisen, wenn man von seinen Gästen keine Geschenke haben möchte?**

Warum gehen Sie eigentlich davon aus, dass die Gäste Geschenke mitbringen? Meinen Sie, das wäre selbstverständlich? Das ist es gar nicht, vielmehr ist es von Ihnen recht vermessen, das unverhohlen zu erwarten. Viele Gäste hatten es allerdings durchaus vor, Ihnen zu diesem Anlass etwas zu schenken; manche haben sich womöglich schon lange vor Ihrer Einladung darüber Gedanken gemacht und Ideen gesammelt oder gar bereits etwas für Sie gekauft. Nun wollen Sie es gar nicht haben. Doch ob sich Ihre Gäste längst für Sie ein Geschenk überlegt haben oder nicht, früher oder später sind alle Gäste arg verunsichert und fragen sich:

Sollen wir uns über den Wunsch hinwegsetzen? Dann würden wir uns falsch verhalten und womöglich auf dem Fest die Einzigen mit einem Geschenk sein. Dann werden wir uns schlecht fühlen.

Sollen wir uns an seinen Wunsch halten? Das müssten wir zwar, doch es wird uns auf dem Fest peinlich sein, falls andere Gäste ein Geschenk dabei haben und nur wir nicht.

Wie auch immer, Ihre Gäste machen sich mehr Gedanken über das Geschenk, als Ihnen angeblich lieb ist. Das ist sehr schade, finden Sie nicht auch? Das Schlimme daran ist jedoch, Sie haben vom ersten Moment an, also mit der Einladung, Ihre wichtigste Gastgeberpflicht nicht wahrgenommen. Diese ist nämlich, dafür zu sorgen, dass sich Ihre Gäste wohlfühlen – vor, während und auch nach dem Fest. Das Traurige ist außerdem, dass einerseits vielleicht auch Sie selbst sich später mit dieser Entscheidung, auf Geschenke zu verzichten, nicht mehr wohlfühlen, weil Sie möglicherweise feststellen, wie viele Ihrer Lieben Sie mit Ihrer Bescheidenheit vor den Kopf gestoßen haben. Und andererseits verzichten Sie auf die ganz automatisch aufkommende Freude, wenn man ein Geschenk auspacken und bestaunen kann. Sie sollten sich einen solchen Plan also noch einmal überlegen. Schreiben Sie lieber nichts von Geschenken in Ihrer Einladung. Hinterlassen Sie bei einer vertrauten Person, bei der viele anfragen werden, ein paar kleine Wünsche: *Über eine Flasche Rotwein freut sie sich immer*, und überlassen Sie es Ihren Gästen, was sie in Bezug auf das Schenken für ihre Gastpflicht halten und was nicht.

Silberne Hochzeitsgeschenke

Früher wurde das 25. Ehejubiläum intim im Familienkreis gefeiert und zwar dem Namen entsprechend, im Zeichen des Silbers. Die Jubelbraut schmückte sich mit einem kleinen Silberkranz und der Ehemann steckte sich ein silbernes Myrten-sträußchen ans Revers. Die festliche Tafel war mit Silberschmuck dekoriert und die Angehörigen hoben mit silbernen Geschenken den Anlass deutlich hervor.So war es und genauso könnte es auch heute sein. Viel häufiger feiern jedoch Ehepaare ihr 25. Ehejubiläum heute anders und dabei so unterschiedlich, dass jeder Versuch einer Verallgemeinerung von vornherein scheitern muss.

Viele Jubiläumspaare freuen sich – sofern sie keinen konkreten Wunsch haben – am allermeisten über ganz persönliche, ideelle Geschenke. Neben den traditionell silbernen Geschenken ist eine schöne Foto-Kollage der 25 Ehejahre oder beispiels-weise ein Gästebuch, das nach einem bestimmten Muster von jedem Gast vorab ge-staltet werden soll, empfehlenswert. Auch ein dekorativer Familien-Stammbaum kann ein schönes Geschenk sein, oder ein großes Foto, auf dem die ganze Familie, alle Freunde oder die Firma zu sehen sind, kommt eventuell gut an. Dazu müsste unbedingt ein professioneller Fotograf beauftragt werden. Der Fotograf kann auch von einem Gast den Auftrag bekommen, das Fest bildlich festzuhalten – vielleicht wird gleich am Eingang jeder Gast beim Gratulieren fotografiert. Jeder Jubilar freut sich auch über einen kleinen, aber unterhaltsamen oder aufwendigen Beitrag für die Feier – eventuell können Sie eine schöne Rede halten oder etwas vortragen, was Sie dann zusätzlich dokumentiert überreichen, zur Erinnerung daran.

Bedenken Sie auch, dass gerade bei einem solchen Anlass der Wert eines Ge-schenks nicht im Kaufpreis liegt oder in der Größe, sondern im gedanklichen und persönlichen Engagement bei der richtigen Auswahl. Darüber hinaus ge-hört es zum stilvollen Schenken dazu, eine zum Geschenk passende geschmack-volle und attraktive Verpackung zu wählen, die eventuell sogar nachvollziehbare symbolische Bezüge zum Geschenk, zum Jubelpaar oder zu Ihnen haben kann – Originalität und Unverwechselbarkeit der Verpackung erhöhen unmittelbar das Interesse und die Freude am eigentlichen Geschenk – müssen aber auch zu ihm passen.

Nicht weniger wichtig: Wenn eben möglich, sollten Sie Ihr Geschenk persönlich überreichen, zum Beispiel bei der Begrüßung. Vergessen Sie bitte auch nicht, Ihrem Geschenk ein kleines Kärtchen anzustecken. So lassen sich die Geschenke später besser zuordnen. Und wählen Sie die begleitenden Worte und Sätze, mit denen Sie Ihr Geschenk überreichen, bewusst, so dass Sie Ihr Präsent weder mit Floskeln überhöhen noch abwerten. Beides gehört nicht zum guten Ton.

Dankeschön und lächeln

Wichtig ist natürlich zunächst, dass man sich überhaupt bedankt. Das ist klar, denn ein nicht ausgesprochener Dank belastet Beziehungen und ist häufig Anlass für Verstimmungen, sowohl geschäftliche wie auch private. Dabei muss ein Dank nicht immer tatsächlich auch ausgesprochen werden, manchmal reicht schon ein Lächeln. Und ohne ein Lächeln ist auch der ausgesprochene Dank nur halb so viel wert, weil er sonst nicht ehrlich wirkt. Eine Ausnahme sind natürlich traurige Anlässe.

Gibt es auch originelle Möglichkeiten, sich zu bedanken, oder muss es immer die klassische Version sein?

Um jedoch die schönen Seiten des Lebens und die mehr oder weniger selbstverständlichen Bemühungen seiner Mitmenschen sehen zu können, benötigt man eine gewisse positive Grundeinstellung zum Leben. Natürlich bedankt man sich für ein Geschenk oder für einen Gefallen, um den man jemanden gebeten hat, und sogar fürs Türaufhalten oder für den gewährten Vortritt. Bedanken kann man sich schließlich auch dann, wenn die Leistung eigentlich als für jeden kultivierten Menschen selbstverständlich zu betrachten ist. Bei größeren Gefälligkeiten oder regelmäßiger Zuvorkommenheit kann es sogar angebracht sein, den mündlichen Dank mit einer kleinen Aufmerksamkeit zu betonen. Ein handschriftlicher Brief ist heutzutage außerdem immer ein Zeichen dafür, dass man sich viel Zeit genommen hat, und wird allein deshalb wertgeschätzt.

Manchmal sind es allerdings auch die kleinen Dinge, für die ein überraschendes kleines Dankeschön viel Freude bereitet. Beispielsweise fürs Daumendrücken bei der Führerscheinprüfung, für den erstklassigen Service, für die gute Beratung *(Das*

Geldausgeben hat bei Ihnen Freude gemacht), für die konstruktive Kritik, für das Kompliment, für das Miteinanderbekanntmachen, für die Empfehlung *(Der Restaurant-Tipp war fabelhaft)*, für das Gespräch oder für die schnelle Bearbeitung einer Reklamation.

Ein Dankeschön muss man nur selten unter vier Augen aussprechen, das können ruhig auch andere hören oder sehen. Daher ist es sogar meist nicht falsch, auch Dritten von der eigenen Dankbarkeit zu erzählen – als PR-Maßnahme für den anderen quasi. Dafür ist beispielsweise eine Dankesrede geeignet. Insbesondere langjähriges Engagement wird auf diese Weise geehrt. Dankesreden werden meist bei Jubiläen gehalten; dann sollte die zu ehrende Person bereits mit einer persönlichen Einladung darauf aufmerksam gemacht werden, dass sie geehrt wird. So hat sie die Möglichkeit, sich angemessen darauf vorzubereiten.

Nach offiziellen Veranstaltungen anlässlich runder Geburtstage und Hochzeiten oder Festessen beispielsweise bleibt der schriftliche Dank, in gedruckter oder von Hand geschriebener Form auf dem Postweg, die stilvollere Form – sowohl für den Gast als auch für den Gastgeber. Auch Gastgeber können sich bei ihren Gästen mit einem Erinnerungsgeschenk bedanken – etwa mit einem Foto von der Feier.

Eine Erkältung möchte niemand

Drei Tage kommt sie, drei Tage bleibt sie und drei Tage geht sie – die Erkältung. Haben Sie zunächst immer genügend Papiertaschentücher dabei, so dass Sie vor anderen kein bereits benutztes Taschentuch aus der Tasche kramen müssen. Werfen Sie aber bitte auch kein benutztes Exemplar in einen offenen Papierkorb. Putzen Sie die Nase möglichst geräuscharm. Wenn das nicht geht, ist es höflicher, sich kurz zu entschuldigen und irgendwohin zu gehen, wo man ungestört ist.

Wenden Sie sich von anderen Menschen ab, wenn Sie husten oder niesen müssen, und halten Sie einen größeren Abstand zu Ihren Mitmenschen. Wenn Sie ein wenig auf deren Körperhaltung achten, werden Sie bemerken, dass auch sie den Abstand suchen – keiner will sich anstecken lassen. Verlassen Sie auch den Raum oder den Tisch, wenn Sie von einem unangenehmen Hustenanfall geplagt werden.

Dass Sie in dieser Verfassung außerdem nicht ins Kino, ins Konzert, ins Theater oder in die Oper gehen, sollte selbstverständlich sein. Geschäftsessen sind – schon im eigenen Interesse – abzusagen, und auch öffentliche Bälle, Feste oder sonstige

Anlässe, bei denen viele Menschen zusammenkommen, sind in dieser Zeit nicht das geeignete Parkett für Sie. Aber auch für kleine Verabredungen – privat oder beruflich – ist falscher Ehrgeiz in kränkelndem Zustand nicht ganz angebracht. Und selbst im Büro wird das bei starker Erkältung nicht anders gesehen – nicht mal von Vorgesetzten.

Verzichten Sie auch unbedingt auf die Begrüßung mit Handschlag, Umarmung oder Küsschen, und erklären Sie Ihrem Gegenüber nötigenfalls freundlich Ihr Verhalten. Muten Sie den anderen nicht zu viel zu und verhalten Sie sich am besten so diskret wie möglich.

Achten Sie bitte auch ansonsten bei kleineren Niesern und beim Naseputzen darauf, dabei die linke Hand zu verwenden. Bedenken Sie, dass Ihrem Gegenüber ansonsten wahrscheinlich blitzschnell klar wird, in welchem Zustand Ihre Begrüßungshand beim vorangegangenen Handschlag womöglich war. Dass nach einem Niesen oder Naseputzen anschließend die Hände gewaschen oder wenigstens Erfrischungstücher benutzt werden, sollte ja selbstverständlich sein und wird daher auch nur der Vollständigkeit halber erwähnt.

Krankenbesuche mit Zuwendung

Bevor man jemandem einen Krankenbesuch abstattet – egal, ob im Krankenhaus oder privat zu Hause –, hat man sich unter allen Umständen vorab darüber zu informieren, ob der Besuch überhaupt erwünscht ist und zu welcher Uhrzeit man kommen kann. Einfach vorbeizukommen, ist, wenn überhaupt, nur im engsten Familien- und Freundeskreis erlaubt, wenn man sich ganz sicher sein kann, dass und wann sich der Kranke wirklich darüber freuen würde.

Was sollte man bei Krankenbesuchen beachten?

Wer akut krank ist und sich auch so fühlt, möchte nämlich oft gar keinen Besuch und bleibt lieber für sich. Wer länger so sehr krank ist, freut sich dann aber vielleicht doch darüber, wenn der eine oder andere Besucher kommt. Und wer zwar krank ist, sich aber nicht immer so fühlt, denkt wieder anders über Besuch. Also fragen Sie vor jedem Besuch, ob Ihr Kommen erwünscht ist, und wann. Ihr Verhalten bei der Begrüßung sollte nur dann, wenn es die Umstände unbedingt erfordern, von der bisher üblichen Begrüßungsform abweichen. Findet Ihr Besuch im Mehrbettzimmer eines Krankenhauses statt, grüßen Sie natürlich auch die anderen im Krankenzimmer. Vorzustellen brauchen Sie sich ihnen jedoch nicht.

Wenn Sie ein Geschenk mitbringen wollen, dann wissen Sie aufgrund der Erkrankung, ob Pralinen, ein Piccolo, ein (Hör-)Buch oder doch Blumen passend sind. Das Geschenk ist ideal, wenn es den Erkrankten ein wenig ablenkt oder wenn Sie ihm einen flüchtig genannten Wunsch erfüllen können. Irgendwann hat er vielleicht einmal erwähnt, dass er gerne Kreuzworträtsel löst, Puzzlespiele liebt oder nächstes Jahr in die Karibik möchte, so dass Sie einen Reiseführer verschenken könnten. Wenn Sie ins Krankenhaus Blumen mitbringen, denken Sie auch an die passende Vase, sonst sieht der Blumenstrauß ja gar nicht mehr schön aus. Blumen sollten zudem nicht so stark duften und auch keinen Anlass zu abergläubischen Gedanken liefern können.

Bemühen Sie sich alles in allem darum, sich respektvoll und äußerst diskret zu verhalten. Sicher ist es unnötig, das alles zu sagen, weil es selbstverständlich ist, sich einem kranken Menschen gegenüber mit mindestens ebenso viel Wertschätzung zu verhalten wie bei einem gesunden Menschen. Achten Sie das Distanzbedürfnis, die Privat- und Intimsphäre. Setzen Sie sich niemals auf das Krankenbett. Gehen Sie aus dem Krankenzimmer, wenn ein Arzt oder Pflegepersonal ins Zimmer kommt; dabei ist es egal, ob man Sie darum bittet oder nicht – bleiben Sie nur, wenn Sie dazu aufgefordert werden.

Möge es Ihnen gelingen, gerade wie es erforderlich ist Besinnung, Ruhe, Zuversicht oder auch Frohsinn und Heiterkeit auszustrahlen. Stellen Sie Ihre eigene Befindlichkeit vollkommen hinten an; um Sie geht es bei einem Krankenbesuch nicht. Hören Sie zu, fragen Sie vorsichtig nach, so dass Sie Interesse zeigen, wechseln Sie nicht abrupt das Thema *(Nun lass uns mal von was Schönem reden)*, wecken Sie aber auch keine unrealistischen Hoffnungen oder Wünsche und machen Sie keine Versprechungen, die Sie nicht halten können. Lassen Sie also solche Floskeln wie *Das wird schon wieder* weg, wenn sie unpassend sind. Unterlassen Sie einfach alles, aber auch alles, was die Schwierigkeit der Lage noch erhöhen könnte. Versuchen Sie lieber, eine kleine Freude zu bereiten – auch mit Humor, wenn es passt.

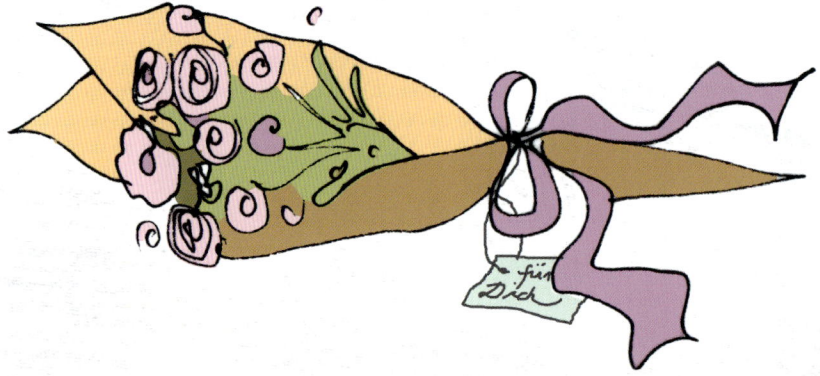

Schwere Krankheiten

In manchen Fällen ist es nicht schlimm, wenn Sie sich nicht sofort, nachdem Sie von der Krankheit oder dem Unfall erfahren haben, bei der betreffenden Person melden. Insbesondere dann nicht, wenn Sie sie nicht gut genug kennen oder falls Sie von der Sache über Dritte oder über Umwege gehört haben und gar nicht sicher sein können, wie ernst die Situation ist und ob es überhaupt erwünscht ist, dass Sie darum wissen. Oder haben Sie nur nicht die richtigen Worte gefunden? Dann ist es etwas anderes. Es geht doch in der Situation gar nicht um Sie, sondern um jemanden, dem es gerade nicht gut geht. Kennen Sie den Betroffenen besser, dann ist es durchaus eine schöne Geste, schnell einen handschriftlichen Genesungswunsch zu senden oder zum Telefonhörer zu greifen.

Wie verhält man sich gegenüber Menschen, die ein Schicksalsschlag wie eine schwere Krankheit getroffen hat?

Bei einer plötzlichen und ungeplanten Begegnung sollten Sie sich so viel Zeit wie möglich für ein Gespräch nehmen, falls die betreffende Person Interesse an einer derartigen Unterhaltung mit Ihnen signalisiert. Falls die Krankheit oder die Verletzung nicht wahrnehmbar ist, könnte es besser sein, wenn Sie das Thema nicht von sich aus ansprechen, doch falls die Situation nicht übersehen werden kann, sollten Sie sich ein Herz fassen und sich erkundigen – vielleicht in Verbindung mit einem Hilfsangebot. Wenn die betreffende Person von sich aus darauf zu sprechen kommt, gehen Sie darauf ein und weichen Sie dem Thema nicht aus.

Als Antwort auf eine solche Schilderung die eigene Leidensgeschichte zu erzählen, wäre nur dann angebracht, wenn sie wirklich vergleichbar ist und Mut machen könnte oder wenn Sie beispielsweise der betreffenden Person mit einer einfühlsamen Schilderung die Sorge vor einer bevorstehenden Untersuchung nehmen können, weil Sie sie selbst bereits erlebt haben. Jede Über- oder Untertreibung ist allerdings unangebracht. In allen anderen Fällen wäre ein solches Verhalten nicht nur geschmacklos, sondern auch taktlos und ein Zeichen besonders schlechten Stils.

Auch wissenschaftliches Halbwissen zu der entsprechenden Erkrankung vorzutragen oder vermeintlich kluge Ratschläge zu geben, ist vollkommen deplatziert. Versuchen Sie doch vielmehr, sich in die Person hineinzuversetzen und sowohl zuzuhören als auch das zu hören, was die Person nicht sagt: Was tut ihr gut? Welche Worte sind die richtigen? Oder sollten Sie besser gar nichts sagen? Viele Kranke sind sensibler als sonst und sehr leicht durch den falschen Ton zu kränken und zu verletzen. Schon ein offensichtlicher Themenwechsel *(Lassen Sie uns von etwas anderem sprechen)* kann wehtun. In solchen Gesprächen sollte der Themenwechsel vom Betroffenen ausgehen. Darüber hinaus werden Sie selbstverständlich bei Ihren Formulierungen und Ihrem Verhalten die Schwere der Krankheit berücksichtigen. Wenn auch freundlich gemeint, ist ein *Die beste Krankheit nützt halt nichts ...* fast nie richtig. *Unkraut vergeht nicht!* auch nicht, und *Gute Besserung* passt lediglich, wenn diese tatsächlich zu erwarten ist. Falls Ihnen nichts wirklich Tröstendes einfällt, dann sagen Sie doch wenigstens das.

Bieten Sie Ihre Hilfe an und erkundigen Sie sich nach einem angemessenen zeitlichen Abstand erneut, was Sie tun können.

Kondolieren – mit Anteilnahme

Wie kondoliert man taktvoll und mit Anteilnahme? Zuverlässige Freundschaft, ehrlicher Takt und wahre Herzlichkeit zeigen sich in traurigen Situationen mehr als in Momenten des Glücks. Gilt es doch, mit dem Leid anderer umzugehen, Beistand zu leisten und Hilfe anzubieten. Selbstlos Trost zu spenden, verlangt Reife und Herz.

Lassen Sie also die Trauernden mit ihrem Schmerz und mit ihren Emotionen nicht allein. Reagieren Sie so schnell wie möglich, indem Sie, sobald Sie die traurige Nachricht erhalten, einen Kondolenzbrief schreiben. Dazu müssen Sie den Verstorbenen gar nicht gekannt haben. Es geht weder um den Verstorbenen noch um Sie selbst, sondern allein um diejenigen Menschen, die einen schweren Schicksalsschlag erlitten haben.

Tröstende Worte sollten keineswegs darauf abzielen, dass der Trauernde seinen Schmerz überwinden soll. Er braucht Zeit, um den Verstorbenen loszulassen. Daher sollten in einem Kondolenzbrief, genauso wie in einem persönlichen Gespräch, vielmehr die Emotionen des Hinterbliebenen im Mittelpunkt stehen. Da ist das aktive Zuhören am allerwichtigsten. Begleiten Sie sinnbildlich den Trauernden bei seiner Trauer, zeigen Sie sich gegebenenfalls solidarisch und bieten Sie Ihre Hilfe an.

Versetzen Sie sich in die Lage Ihres Gegenübers, so kann es Ihnen gelingen, die richtigen Worte zu finden. Falls Sie die verstorbene Person gekannt haben, sollten Sie auch Ihre eigene Betroffenheit zum Ausdruck bringen und an gemeinsame Erlebnisse erinnern. Doch vermeiden Sie Übertreibungen und falsches Pathos, das wirkt nicht nur unglaubwürdig, sondern kann auch sehr verletzend sein. Benutzen

Sie weder Superlative noch Floskeln. Und lassen Sie es zu, wenn der Hinterbliebene sich gewiss ist, dass da ein Mensch gestorben ist, dessen Leben nicht vorbei, sondern vollendet ist.

Finden Sie bei einer persönlichen Begegnung keine passenden Worte, drücken Sie Ihre Anteilnahme mit einem stummen Händedruck aus. Sie sollten sich Zeit nehmen für den anderen, hören Sie zu und wechseln Sie keinesfalls von sich aus das Thema. Das wäre herzlos und unentschuldbar.

Wenn Sie schreiben, benutzen Sie edles schlichtes Papier und schreiben Sie mit königsblauer Tinte, nehmen Sie einen geschlossenen Umschlag und eine Sonderbriefmarke. Benutzen Sie jedoch niemals schwarz umrandetes Papier, das ist den Familienangehörigen vorbehalten.

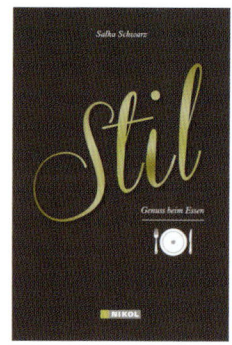

Salka Schwarz
Stil – Genuss beim Essen

152 Seiten, zahlreiche Farb-
Abbildungen, gebunden

ISBN: 978-3-86820-318-9

Genuss beim Essen

Welcher Stil ist heute noch zeitge-mäß? Wie gelingt es, im Beruf, im Privatleben und in der Gesellschaft souverän aufzutreten? Und auf wel-che »kleinen Dinge« kommt es heute dabei an? Solchen und anderen Fragen geht die Berliner Stil- und Etikette-Trainerin Salka Schwarz nach.

Mit viel Gespür für historische Hin-tergründe und für den eigentlichen Sinn von Verhaltenserwartungen vermittelt sie detaillierte und illus-trativ veranschaulichte Kenntnisse in puncto »Genuss beim Essen«.

www.nikol-verlag.de

NIKOL
VERLAG

Arthur Schopenhauer
Die Kunst, Recht zu behalten

112 Seiten, gebunden
ISBN: 978-3-86820-027-0

Klassiker der Weltliteratur

Mit seinem streitbaren Plädoyer »Die Kunst, Recht zu behalten« lieferte Schopenhauer eine brillante Einführung in die Tricks und Kniffe des erfolgreichen Argumentierens. Dabei ging es dem berühmten Philosophen sowohl um das rhetorische Vermögen, die eigenen Argumente geschickt zu vertreten, als auch darum, die Strategien der Gesprächspartner besser zu durchschauen. Höchst unterhaltsam und überzeugend erläutert er anhand von 38 Kunstgriffen, auf welche Weise derjenige, der Recht hat, am Ende auch tatsächlich Recht behält.

www.nikol-verlag.de

Adolph Freiherr von Knigge
**Über den Umgang
mit Menschen**

368 Seiten, in Leinen
gebunden mit Goldprägung
und Lesebändchen
ISBN: 978-3-86820-246-5

Über den Umgang mit Menschen

Der »Knigge« ist auch heute noch ein hochinteressanter Meilenstein über die praktische Kunst des Umgangs mit Menschen.

Erschienen 1788 – im gleichen Jahr wie Kants »Kritik der praktischen Vernunft« – befasst sich Knigge mit der Durchsetzung von Moral und gibt überzeugende und vor allem praktikable Antworten auf die Fragen menschlichen Zusammenlebens.

»Die Kunst des Umgangs mit Menschen besteht darin, sich bemerken, geltend und geachtet zu machen, ohne beneidet zu werden.«

www.nikol-verlag.de